全国城めぐり
超入門

日本の城のひみつ

―見かた・楽しみかたがわかる本―

城郭歴史研究会 著

Mates-Publishing

はじめに

日本を代表する城である姫路城天守の高さは、約51・8メートル、姫山の標高や石垣を加えると約92メートルにも達します。当時の日本建築の粋を集めたその意匠や天守、櫓の壮麗さは、権力の誇示としてだけでなく、血腥い戦いを展じる首領としての顔の裏に潜む教養、文化、そして人となりが内在し、今、訪れる者たちの歴史観を肉厚なものにしてくれるものです。

そんな城に魅了され、全国の城に足を運ぶうちに、国を治めるということはどういうものなのか朧げながらも見えてくるようになりました。城は戦さに長けた武将や軍学者が、知恵を絞り、丘陵地や川、沼、そして海といった自然の地形を活かしながら、複雑な縄張（城の基本設計）を施し築き上げたものです。これほどまでに地形を活かし工夫を凝らした城は、世界的に見ても珍しいでしょう。言い換えれば、良い城を築くには、城主自らが統治する国の特性を掌握していなければならないことになります。つまり、良い城のある国は、ここでどんな農業をすればいいのか、土地の産物をどう活かせばいいのかを城主は把握していたことになり、それが繁栄をもたらしたに違いありません。

城は人が造り、人が攻め、人が守りました。この城を舞台に戦さや権力闘争が繰り広げられました。繁栄の一方で多くの戦いが起こり、辛酸を極めた悲劇の舞台になった城も少なくありません。壮麗な城の裏に隠れた歴史や人間模様に思いを馳せながら、もう一度、城を見つめるのも一興です。いうなれば城は歴史探訪の入口であり、戦国時代から江戸時代にかけての歴史を知る絶好の手がかりになります。

本書では全国各地の城を「戦いの舞台になった城」「有名武将と縁が深い城」「昔の面影を残す城」という切り口から眺めてみました。美しいだけではない、有名だけではない、興味深い物語のある城を厳選し、その歴史的な背景について触れています。本書が日本の城の奥深さの再発見のきっかけになれば幸いです。

城郭歴史研究会

目次

※本書は2011年発行の『日本の城』を元に加筆・修正を行っています。

第2章 有名武将と縁が深い城

第3章　昔の面影を残す城

DATA欄の見方

□築城場所を示しています。

□文化財史跡区分を示し、それぞれのアイコンは下記のことを表しています。

国　国宝に指定された城郭
指　国指定史跡
特　国指定特別史跡
重　重要文化財

□築城年代を表しています。

鎌　鎌倉時代に築城された城
安　安土・桃山時代に築城された城
室　室町時代に築城された城
江　江戸時代に築城された城

□城の形態を表しています。

山城　山城
平山城　平山城
平城　平城

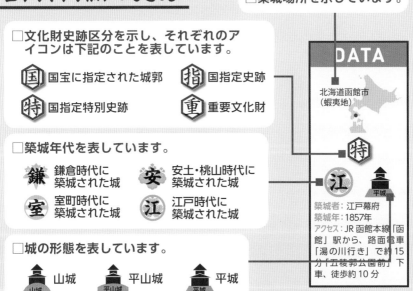

序章 城の歴史

日本の城の原型は弥生時代に誕生し、戦国・江戸時代に進化しました。そんな日本城郭の歴史を振り返りながら、城の基本知識を紹介します。

城に関する主な出来事

古墳時代 弥生時代

環濠集落が誕生

吉野ヶ里遺跡

奈良時代

古代山城が各地に作られる

平安時代

鎌倉時代

防御性に優れた居館を政庁にした御家人
戦争時のみの山城が登場

足利氏館

室町時代

山城が全国各地で築城される

安土・桃山時代

信長と秀吉の登場で城が進化

犬山城

江戸時代

初期に続々と城が築かれる
一国一城令で多数の城が廃城になる

姫路城

明治

廃城令で全国各地の城が取り壊される

大正

昭和

第2次世界大戦の空襲で多数の城が焼失
戦後、多くの城の天守が再建される

平成

平成の城の再建ブームが訪れる

大阪城

序章
日本の城郭の始まり

弥生時代の環濠集落が城の原形

環濠集落から古代山城や城柵へと発展した城

集落を堀や土塁で囲み害獣から身を守った

日本の城の起源を探ると、弥生時代の環濠集落にたどり着く。**環濠集落とは、堀や土塁を巡らせて守りを固めた集落のこと**である。いうまでもなく、害獣から集落を守るために生まれたものだ。城の語源も、「土」から「成る」、つまり、土を掘ったり、土を盛り上げて区画が成る表した字というわけだ。

成り立ちは最初は獣から身を守るためにつくられた環濠集落だが、集落が大規模になると豪族間の争いが頻繁に起こるようになり、より防御性に優れた集落をつくる必要が迫られた。何重もの壕や物見櫓を設けて敵の侵入を防ぐ工夫をされた集落が次々に現れる。例えば、**吉野ヶ里遺跡**※などもそうした環濠集落の一つである。

城の原形・環濠集落

(写真提供：吉野ヶ里歴史公園事務所)

❶ **館**
環濠と柵で囲んだ集落には居住地として様々な建物があった。

❷ **環濠と柵**
集落を環濠と柵で守っていた。これが城の堀と土塁や石垣へと進化する。

❸ **物見櫓**
敵の襲来を見張るために設けられた物見櫓。

Check!

- □ 日本の城の起源は環濠集落にある
- □ 堀や土塁で囲んだ環濠集落で獣や敵から身を守った
- □ 大陸からの侵攻に備えて造られた古代山城
- □ 東北地方に点在する城柵も奈良時代の城

大陸の侵攻に備えた主な城

水城	博多湾から大宰府に攻め込むことを想定して作られた福岡県大野市から大宰府にかけて築城された城
長門城	天智天皇が長門国(現在の山口県)に築城したされる城。詳しい場所は不明
大野城	大宰府の北方の山に長さ8200m以上に及ぶ土塁が築かれた城。現在も石垣の一部が残されている
基肄《きい》城	大野城と共に作られた城。標高400mの2つの山を結ぶように4200mに及ぶ土塁が築かれていたという

朝鮮式の砦だった古代山城

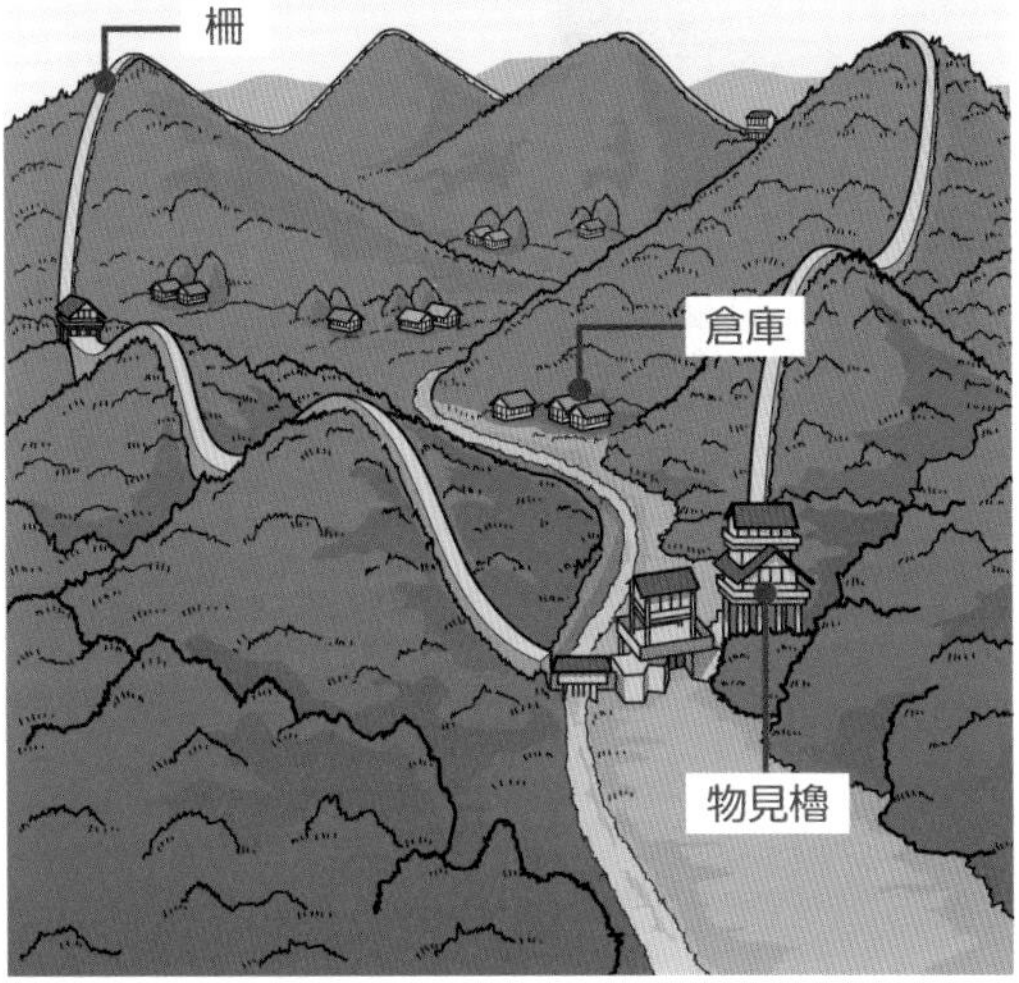

山の大規模な区画を土塁、石垣などで囲み、敵の侵入を防ぐ朝鮮式の砦。内部には食糧を保管する倉庫もあった。

やがてさらなる強固な防御を求め、稲作には不利であっても守る上で自然の利を生かせる丘陵部に、あえて集落をつくるケースも見られるようになった。

古代山城や城柵へと進化していった城

大和朝廷の時代になると、集落が発展し、政治施設や住居が立ち並ぶ都が生まれた。難波京や近江京がその一例だ。

都城には、敵からの進入を防ぐための砦が数多く設けられた。そうした傾向に拍車をかける事態が発生した。朝鮮半島の一国、百済の要請で出兵したところ、唐・新羅の連合軍に大敗を喫してしまったのだ。7世紀の「白村江の戦い」である。朝廷では大陸からの敵軍に攻め込まれることを恐れて大宰府周辺に複数の城を築城した。これらは**山の大規模な区画を土塁などで囲んだ朝鮮式の砦で、総称して古代山城《こだいやまじろ》と呼ばれている。**

一方、東北地方に目を転じると、蝦夷《えみし》の支配を強めるために、朝廷は複数の城柵《じょうさく》を築いた。これは外郭を築地や柵で囲んだ軍事拠点だが、大規模なものになると楼櫓を備えたものもあった。その遺構が東北地方の広い範囲で発見されていることから、朝廷が東北支配を強めていたことがわかる。さらに大規模な城柵は、単なる軍事拠点としてだけでなく、政庁としての機能も備えた拠点として支配力を強めていった。こうして城は、各時代の社会状況に応じて形態を少しずつ変えながら進化している。

※吉野ヶ里遺跡　佐賀県神崎郡吉野ヶ里町から神崎市にまたがる地域にある弥生時代の大規模な環濠集落

武士の時代になって防御性の高い館が登場

平地の方形館から山城へと拠点が移る

地方行政と住まいを兼ねた武士の館

平安時代後期、貴族の荘園を守るための武装集団だった武士が力を蓄え、自らの荘園を保有するようになり、その領地を拡大すると共に、持ち前の武力によって貴族から権力者の座を奪うまでになる。

源氏と平家の争いを経て、とうとう武士の源頼朝が鎌倉幕府を開き、国を治めることになったのだ。頼朝の配下の武士たちは鎌倉幕府の下で御家人となり、自分の所領を守りながら地方行政を担ったのだ。

御家人の所領地支配のための拠点となったのが「館」と呼ばれる屋敷である。**館は基本的に水堀と土塁で囲まれた方形の姿をしている**。また、正面には弓矢や盾を備えた櫓門を備えて、防御性を高めているのが特徴だ。

防御性の高い中世の館

上空から見た足利氏館
中世の典型的な武士の館「足利氏館」。水堀と土塁に囲まれた方形居館の姿がそのまま残っている。

足利氏館の太鼓橋
館は水堀で守られているが、堀には橋がかけられ出入口として利用されていた。

Check!

- ☐ 水堀や土塁で防御性の高めた武士の館
- ☐ 山城は南北朝時代に登場。ただし、戦争時だけの使用に限定
- ☐ 山城の特性を活かした戦術も確立される
- ☐ 居城としての山城は戦国時代に登場する

日本五大山城

春日山城《かすがやまじょう》
新潟県上越市にある春日山に築かれた城。上杉謙信の居城で知られる

月山富田城《がっさんとだじょう》
山陰地方を領した尼子氏の居城で有名。標高197mの月山の山頂に築かれた

観音寺城《かんのんじじょう》
標高432mのきぬがさ山に築かれた近江の佐々木氏、六角氏の居城だった城

小谷城《おだにじょう》
北近江の浅井氏の居城。標高約495mの小谷山に築城された。後に信長に攻められ落城

七尾城《ななおじょう》
石川県七尾市にある畠山氏の居城。約300mの尾根山に築城された

政治や生活の施設を備えた山城

地形を利用した曲輪
頂上には当主の館
土塁で敵を防いだ

戦国時代には、敵から身を守るために数百メートルの山の頂に館を構える山城が生まれた。軍事だけでなく、政治や生活をするための機能が備わった。

南北朝の時代に登場した山城

そして鎌倉時代末期、後醍《ごだい》醐《ご》天皇は朝廷政治の復権をめざし、鎌倉幕府の有力御家人や反幕府勢力の悪党と呼ばれる楠木正成《くすのきまさしげ》や赤松則村《あかまつのりむら》など地方豪族を味方につけて、至るところで蜂起し、倒幕に乗り出したのである。これにより、そこここで内乱が起こった。昨日の味方が今日は敵。いつ寝首をかかれるかわからない時世に、敵が攻めて来づらい山に城を築き、そこを軍事拠点として采配をとる武士が現れた。

正成の赤坂城や千早城が有名だが、正成はここに立て籠り幕府軍の大軍勢を蹴散らした。そうした実戦の中で、急斜面に堀や土塁を施して、攻め上ってくる敵の軍勢に対して上から弓矢・槍ばかりではなく石や丸太を転がすという防御に優れた山城の特性を生かした戦術も生まれた。

しかし、**この頃の山城は籠城のみを目的とした砦であり、戦闘が終われば城は放棄される性質のものだった。**山城を平時も居住地とし、寝起きは元より政務も行う、いわゆる居城として使い始めるのは、これよりずっと後の戦国時代に入ってからのこと。

室町時代の後期、応仁の乱を契機に、戦乱は地方にまで広がり戦国時代を迎えるのだが、従来の平地の館では敵の侵入は防ぎきれない。そこで地方豪族は恒常的な防御施設として山城を築城していった。その詳細については次ページで説明する。

山城から平山城へと進化する日本の城

Check!

- □ 戦国時代に居館がある山城が登場する
- □ 戦国時代末期、山城から利便性の良い平山城へと移行
- □ 城郭建築の進化が平山城築城をさらに推進
- □ 平城は湿地、川、海などの要害を利用

戦国時代末期に平山城が登場、次第に主流を占める

防御性に優れた山城が戦国時代初期に登場

戦国時代に登場した山城は、戦乱の世にもっとも適した形態といえるだろう。その多くは山頂に造られているため下から攻め上がるのは至難の技になる。しかも尾根などに複数の曲輪《くるわ》を設け、さらに空堀や土塁も巡らしているので、まさに自然を活かした要塞となる。そのことを証明するかのように、戦国時代初期には全国各地で山城が築城された。

しかし、群雄割拠していた勢力図は、織田信長を筆頭にした一握りの戦国大名によって次第に収斂《しゅうれん》されていく。やがて領地拡大に伴い、軍事だけでなく経済や政治も重要視され、国としての整備が進められる。

そうなると**山城は軍事拠点としては優れていたが、険しい山を登らなければならず**

種類別に見た城のメリット・デメリット

	メリット	デメリット
山城	防御性に優れ、敵からの攻撃に対して堅固	高い山に館があるため不便。大規模な城下町の整備には不向き
平山城	大きな城下町を築きやすく、政治・経済の拠点になりやすい	山城と比較すると防御性に劣る。ただし縄張などで防衛力は向上できる
平城	平山城と同様に政庁として利便性が高い	湿地、川、海など自然の要害を利用しているが、山城に比べれば防御性は低い

城の３形態「山城」「平山城」「平城」

山城：岐阜城
山頂に領主の館があり、山全体にいくつもの曲輪を設けて敵の侵入を防いだ。

平山城：姫路城
小高い山や丘陵地を利用して築城。堀や石垣と複数の曲輪で防御性を高めた。

平城：松本城
平地に築いた城。城郭内には家臣団の館も建設された。

政庁としては不向き。経済的な発展には城下町の形成が不可欠で、町の近くに城があったほうが都合いいなど、山城は次第に廃れていく。一方で城郭建築も進化する。複雑な縄張《なわばり》を配して櫓、門、石垣、そして天守などの建築技術が発達して、山頂に築城しなくても十分、防御性に優れた城が造れるようになったのだ。

より利便性の高い平山城へと移行する

山城に変わって主流を占めるようになったのが平山城である。平山とは山城のように数百メートルある険しい山ではなく、平野にある数十メートルの丘陵地。その頂に城を建て、敵の攻撃を防ぐための水堀、石垣で囲むように施設した。

もちろん、守りはそれだけでは万全とはいえない。本丸周辺にいくつもの門や櫓を立てて、押し寄せてくる敵を弓矢などで攻撃できる施設を配した。さらに城郭を複数の区画に分けて進入した敵が、容易に本丸に攻め込めないように創意工夫した。もちろん、こうした工夫は山城でも行われていたが、工法や建築物の新しい形態が開発され、防御性の向上を図った。近世城郭と呼ばれる城のほとんどが平山城である。

また、**平城という平地に造られた城もある**が、これは城の進化形とは違う。実際に平山城から平城に移行したという形跡が認められないことから、**湿地、川、海など天然の要害を利用したケース**と考えたほうがいいだろう。

戦国時代に創意工夫を凝らした縄張が登場

地形を活かして防御性を高めた築城術

縄張は城の基本的な設計図

城を築く時にはまず、建設場所を決める「地選《じせん》」が行われる。自然の地形や交通の便など、様々な要素からもっとも築城に適した場所を選ぶ。次に選んだ場所のどの部分に築城するのかという「地取《じどり》」が行われる。

そして次の段階が「縄張《なわばり》」である。地取で**選んだ場所にどのような城を築くのかを決める工程だ。**つまり、敷地内のどこに一の丸を造り、二の丸はどこにという施設の区分を決める作業である。それぞれの区分を「曲輪《くるわ》」というが、いわばその配置決めだ。この縄張によって、城の規模や防御性がある程度決まる。

縄張には三つの基本形がある

城の防御性を決定づける縄張は、築城する土地の地形を上手く利用しながら曲輪や堀などの位置を決めていくことが重要になる。つまり、丘陵や崖、川など自然の要害を縄張に取り入れて、敵の攻撃から城を守る構造を構築していくのだ。

この縄張には**三つの基本形**がある。まず、天守がある**本丸を中央部に配置して、二の丸、三の丸がそれを囲むようにした「輪郭式《りんかくしき》」**①がある。**本丸と二の丸、三の丸が横一列に並ぶ形のものを「連郭式《れんかくしき》」②、本丸を中心に二の丸、三の丸が扇状に広がるのを「梯郭式《ていかくしき》」③**と呼んでいる。さらに輪郭式の変形といえる「円郭式《えんかくしき》」④や、曲輪が渦巻状に連なる「渦郭式《かかくしき》」⑤などを基本形に挙げる場合もある。ただし、縄張は地形に左右されるので、こうした基本形の変形や混合形になっている城が多い。

Check!

- □ 縄張は城の構造を決める基本設計のようなもの
- □ 縄張は城の防御性を決定づける重要な工程
- □ 地形を上手く利用した創意工夫の縄張
- □ 縄張の基本形は3種類。これを応用しながら築城した

地形を利用した様々な縄張

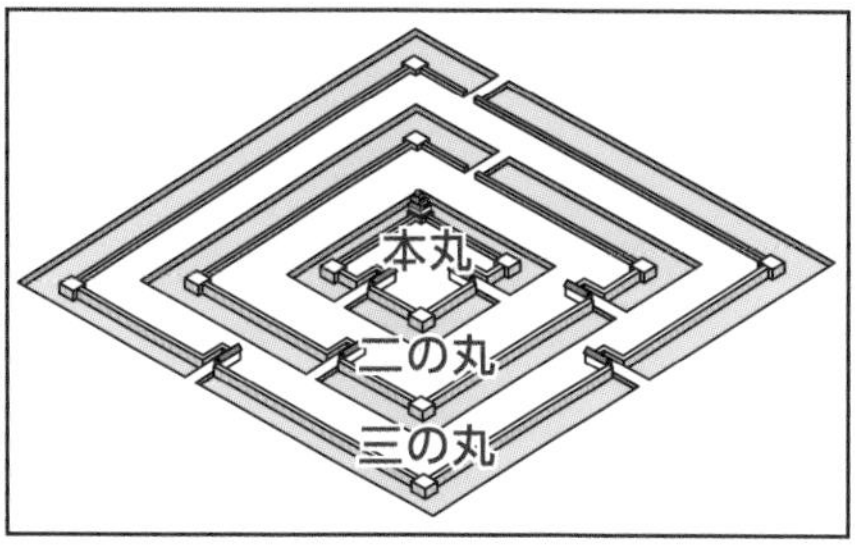

①輪郭式《りんかくしき》

本丸を中心に据えて、それを完全に取り囲んだ二の丸、さらにその外側に三の丸を置く縄張。本丸は一番高いところに置くのが一般的だ。三の丸、二の丸を落とさない限り本丸には侵入できない。

主な城：駿河城、二条城、山形城など

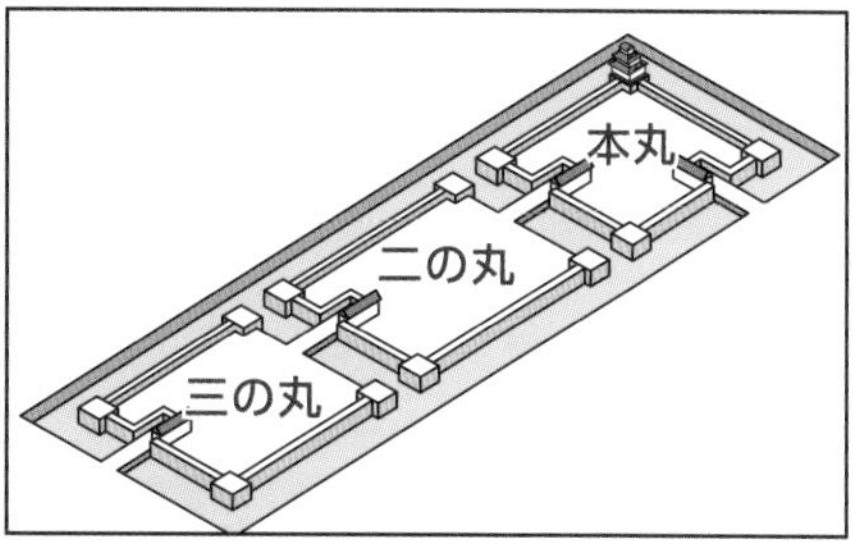

②連郭式《れんかくしき》

本丸、二の丸、三の丸が横一列に並ぶ方式。本丸を一番高い場所に築城する。本丸の裏手に崖、川、海など自然の要害を配することで堅牢な城になる。

主な城：盛岡城、島原城、水戸城など

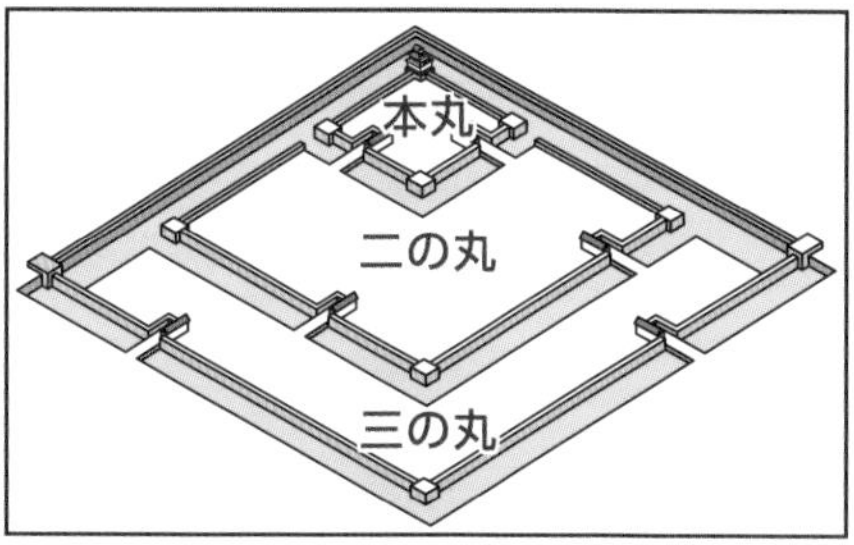

③梯郭式《ていかくしき》

本丸を隅に置き、本丸を囲むように二の丸、三の丸を配置する。こちらも本丸の裏手は自然の要害がある地形が望ましい。

主な城: 弘前城、岡山城、大分府内城など

④円郭式《えんかくしき》

輪郭式の変形パターン。四角い曲輪を丸くして中心に本丸を配置する。

主な城：
駿河田中城など

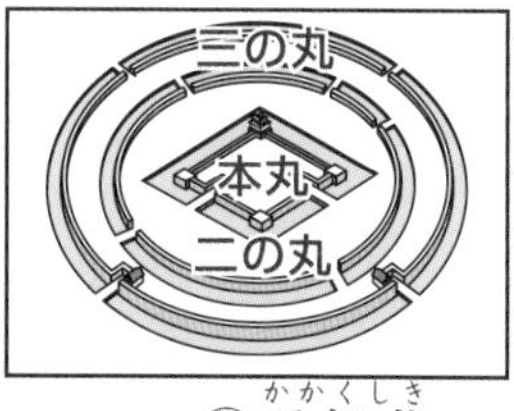

⑤渦郭式《かかくしき》

本丸を中心に据えて、渦巻状に二の丸、三の丸を連ねるパターン。渦巻状になっているため、敵は本丸までなかなか到達できない。

主な城：姫路城、丸亀城など

お城マメ知識

曲輪と「丸」は同義語

曲輪とは、縄張で区切られた区画だが、その他にも郭、平、構などの呼び方をすることもある。「丸」と曲輪の区別は明確ではなく、城が大規模になった戦国時代に併用されるようになったといわれている。

つまり、本丸、二の丸、三の丸も曲輪と同義語と考えていい。また、北の丸や東の丸と呼ばれるのは、方角によって名称がつけられた。徳川家康は江戸城西の丸を自らの隠居所としたため、その後、他城でもこれに倣って西の丸に隠居所を置くケースが増えたという。

建築技術の進化で天守の形態も変化

Check!

- □ 天守が登場したのは戦国時代後期
- □ 戦国時代の天守は望楼型と呼ばれるものが主流
- □ 層塔型天守は関ヶ原以後に登場
- □ 城の建築技術向上に宮大工が貢献

望楼型から層塔型へと進化する天守の形態

天守は戦国時代後半に登場

日本の城のシンボルである天守の起源ははっきりしないが、一般的には織田信長が築城した安土城といわれている。5重7層の天守が標高197メートルの安土山山頂に鎮座した姿に、当時の人々が驚嘆したのは想像に難くない。

信長亡き後、秀吉によって天下が統一されると、大名たちはこぞって城を建設していく。とくに**織田系の大名たち**※は築城に秀でた者が多く、各地で天守を頂く城郭を次々と建築していった。大阪城を筆頭に、会津若松城、広島城、高松城などで、築城もしくは大改修が行われた。

そして前代未聞の**築城ラッシュとなったのが関ヶ原の戦い後**だ。天下は徳川家康の下に落ち着き、多くの大名たちは新領地でわが権威を領民に知らしめるかのように城を築いていった。

建築様式ならず天守の構成も進化

この関ヶ原の戦いを境にして天守の築城技術は大いに飛躍した。従来は望楼型《ぼうろうがた》と呼ばれる入母屋造《いりもやづくり》の建物の上に二階建ての建物を載せた構造だった。天守は物見を兼ねていたので高さが要求されたが、当時の建築技術では一体型建築物を造るのが困難だったために、この工法が主流だった。関ヶ原の戦いを終え、平静な時代を迎えると、五重の塔のように一階から規則的に組み上げた層塔型《そうとうがた》天守に変わる。各層の屋根は均等に葺きおろされ、上に行くほど小さくなり、無駄がないためにすっきりとした外観が特徴だ。安定感のある望楼型とはまったく異なる趣きがあり瞬く間に全国で広がった。

天守建築の進化

●関ヶ原の戦い後●

層塔型（会津若松城）

●関ヶ原の戦い前●

望楼型（犬山城）

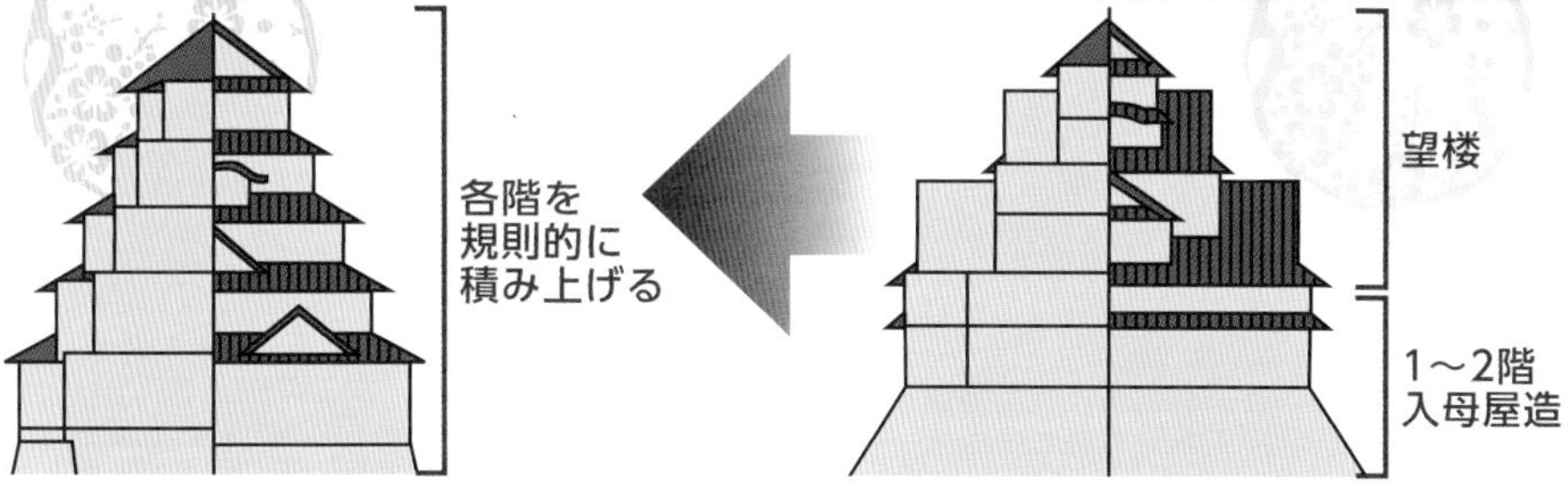

層塔型天守の構造

入母屋造の建物を持たないで各階を規則的に積み上げるという方式の構造物。こちらは関ヶ原の戦い後に生まれた建築様式である。

主な層塔型天守の城
弘前城、会津若松城、松本城、新発田城、名古屋城、和歌山城、松山城、宇和島城、島原城、平戸城

望楼型天守の構造

入母屋造の大きな屋根を持つ１階建てか２階建ての建物の上に２～３階建ての建物（望楼）を載せる構造。戦国時代の城に多い。

主な望楼型天守の城
岐阜城、掛川城、犬山城、彦根城、大阪城、姫路城、松江城、岡山城、高知城、熊本城

お城マメ知識

城建築に貢献した宮大工たち

秀麗な姿を今に伝える日本の城だが、城専門の建築家がいたわけではない。初めて天守を備えた安土城では岡部又右衛門が、江戸城、名古屋城などは中井正清《まさきよ》の名が挙げられるが、ともに寺や神社の建築に携わった宮大工の出身。又右衛門は熱田神宮の宮大工といわれ、正清も京都知恩院や芝増上寺、日光東照宮の建築にも関わっている。

両者をはじめとした宮大工たちは、神社仏閣の建築で培ってきた技を城づくりに転用して、施主である大名たちの要望に応えていった。

※織田系の大名たち　築城の名人に羽柴秀吉、藤堂高虎、加藤清正、黒田如水、加藤嘉明など、織田家に縁のある武将が多い。

天守の形式と建築細部を知る

Check!

- 天守形式は4種類に分類される
- 連立式天守がもっとも複雑な形式
- 複数の破風を組み合わせた天守もある
- 屋根を葺く瓦の材質も多数ある

防御性を高めるために小天守や櫓を付属させた

4種類ある天守の形式

天守の形態として望楼型と層塔型があるが、もう一つ分類法がある。それは天守単独なのか、あるいは天守に異なる建築物を配置しているのかどうかである。

その方法で**分類したのが「独立式天守」「複合式天守」「連結式天守」「連立式天守」の4種類だ。**

「独立式天守」は天守単独のタイプで、「複合式天守」は付櫓などが付属したものである。そして「連結式天守」は天守の左右に小天守や櫓をつなげたものを指す。この三つは比較的わかりやすいが、「連立式天守」はいささか複雑だ。左右だけでなく対角線上にも櫓を配置して、それらを渡櫓で結ぶという形式だ。この形式の中には天守や櫓、渡櫓で囲まれた中庭をもつ城もある。

当然、大天守だけでなく、小天守や櫓を付属させるのは防衛力を高めるためである。ただし、これらは時代を経るごとに独立式天守から複雑化したのではないようだ。それは天守が登場した戦国時代、すでに付櫓のある複合型天守が見られるからだ。また、江戸時代に入ると火事によって天守が焼失するケースが多発したため、独立式天守が主流になったともいわれている。

細部まで意匠を凝らした天守

天守鑑賞は防衛的な機能だけでなく、装飾性も見所といえよう。なにしろ**天守は城郭建築の主役。それだけに、細部までに様々な意匠が施されている。**

その代表的なものが「破風《はふ》」である。天守の優雅さや豪華さを表現するには不可欠な要

防御性を高めるために工夫された天守の形式

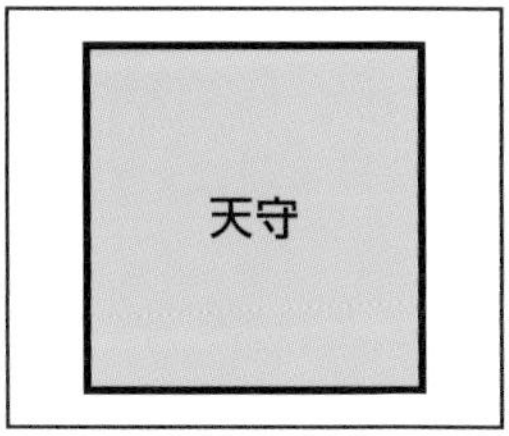

独立式天守

天守が単独で立つ形式。

主な独立式天守：弘前城、丸岡城、宇和島城、高知城など

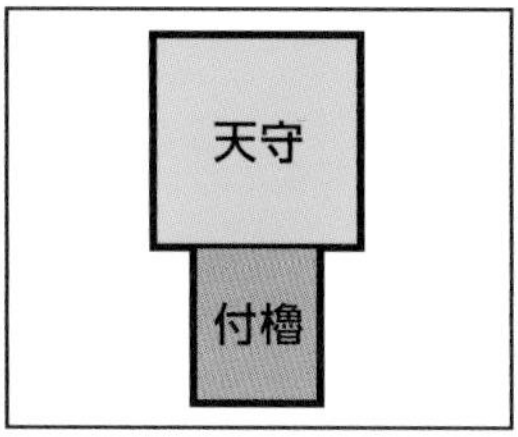

複合式天守

天守の入口に付櫓を設けた形式。

主な複合式天守：犬山城、松江城、彦根城 など

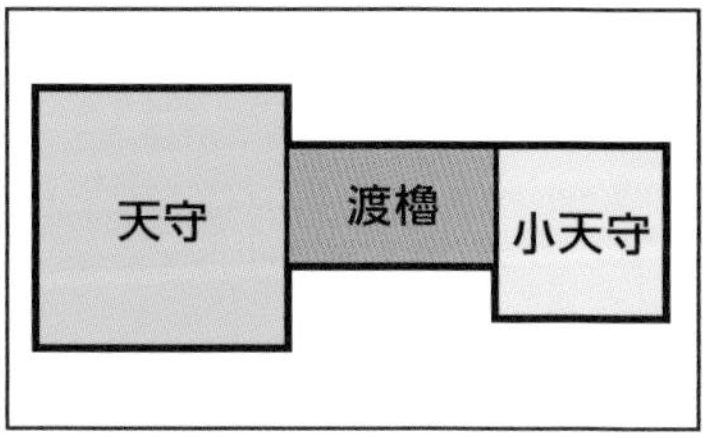

連結式天守

天守と小天守が渡櫓でつないだ形式。

主な連結式天守：松本城 など

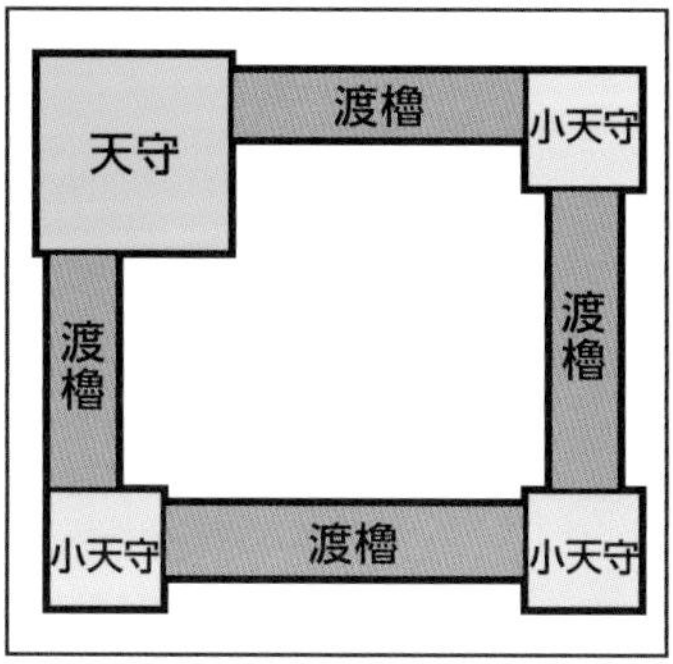

連立式天守

天守の左右だけでなく対角線上にも小天守を設けて渡櫓でつないだ形式。

主な連立式天守：姫路城、松山城など

姫路城に見る破風の種類

❶ 入母屋破風

破風は屋根の両側にできる三角形の垂直な壁面をいい、屋根の勾配をつけるのに必要。入母屋破風は天守には欠かせない部分である。

❷ 唐破風

日本特有の形式で、破風の中でもっとも品位のあるものとして上層階に備えることが多い。

❸ 千鳥破風

天守では装飾用としてつけることが多く、天守全体にアクセントを与える役割を果たしている。

素であり、城で使用されている主な破風として、「唐破風」「千鳥破風」などが挙げられる。もっとも破風は城だけでなく、古くから寺社などにも使われる建築意匠。同じ建築物に複数の破風を組み合わせたのは戦国時代以降といわれている。

窓にも様々あり、格子窓や出窓など、それぞれに風情を醸している。また、瓦には土瓦、鉛瓦、銅瓦、桟瓦など素材が豊富。こうした天守の細部に、戦国時代から江戸時代にかけての天守の進化が見て取れる。

防御面で重要な役割を担った櫓と門

敵から城を守るために複雑化する構造

物見と敵への攻撃を兼ねた櫓

天守ほど目立たぬが、それに匹敵するほどの役割を担っているのが櫓である。櫓は弥生時代の環濠集落から見かけられ、敵を発見する物見のための建築物。ところが、中世になると「矢倉」「矢蔵」などと呼ばれていたことから武器庫でもあったと考えられる。いずれにしても「守」の要となる存在。戦国時代には、櫓は門と共に城の防備を担う建築物として重要視され、江戸時代に完成される。

櫓は物見をはじめ、弓矢や鉄砲による射撃で攻め寄せる敵を撃退するためのもの。それだけに高所になければならない。そこで石垣や土塁などで築いた高台に建築され、見渡しのいい隅に置かれた。

当然、高いところほど遠くまで見渡せ、攻撃力も増強

高いほど防御性に優れた櫓

三重櫓
3重に建てられた高さのある櫓。大城郭に見られる櫓で、なかには小さな城の天守に匹敵する櫓もあるほどだ。

二重櫓
三層櫓よりも築きやすいので多くの城で見かけられる。

多聞櫓
櫓と櫓を結ぶ長い建物。いくつもの狭間を設けて、ここから弓矢や鉄砲で敵を攻撃できる。多くの兵士が詰めることが可能な櫓だ。

平櫓
櫓の基本形。しかし、高くないために物見としても防御性も二重や三重櫓に劣る。

Check!

- □ 櫓は物見をしたり、鉄砲攻撃をするための拠点
- □ 多聞櫓は大勢の兵士を投入できる施設
- □ 大手門など重要な門は櫓門が多い
- □ 防衛力を高めた門の完成形が桝形門である

敵の侵入を防ぐ門の種類

櫓門
2階に櫓を設けた門。櫓には狭間を設けて、そこから敵を射撃できる。

枡形門
江戸時代に登場した門の完成形。複数の門を組み合わせて城内に入った敵を三方から攻撃できる。

薬医門
力を誇示できる門だが、屋根が大きく、下に敵が隠れやすいという欠点があった。

埋門
石垣の中に埋め込まれた門。頑丈なうえに小さく敵の侵入を食い止めやすい。

高麗門
薬医門の簡略版の門。門が小さいので大軍の侵入を防ぎやすいという利点がある。

することから2階、3階へと高層化していった。江戸時代の大城郭では、小さな城の天守並みの規模を持つ櫓もある。

城内への入口であり、敵を防ぐ施設の門

門は、城や曲輪の出入口になる虎口《こぐち》を守る役割を担っている。平時は城内への出入口として利用し、戦争時は敵の侵入を防ぐ施設として機能した。場所によって呼び名は異なり、城の正面にあるものを「大手門」、裏口の門は「搦手《からめて》門《もん》」と称した。

門の形態もいくつかに分類できる。まず、大手門に多く採用されているのがもっとも格式が高い「櫓門」である。櫓門は2階に櫓を設けているので、※**狭間《はざま》**から弓矢や鉄砲で攻撃でき、かつ防備面でも優れた形態である。

平屋造りの門では薬医門、高麗門などがある。薬医門は大きな屋根が張り出た門で、その簡略型が高麗門である。また、石垣をくりぬいて城門をはめ込んだ埋門《うずみもん》もある。

そして**もっとも防備に優れたのが桝形門《ますがたもん》**である。門から侵入する敵を直進させずに直角に曲がらせるよう設計されたもので、外側は高麗門を配して敵の大軍が一度に入れないようにし、内側に櫓門を配置し、さらにそれらを多聞櫓で結ぶという構造だ。高麗門と櫓門の間の枡形に閉じ込められた敵を三方から攻撃できるようにした日本の城郭における門の完成形と捉えることができるだろう。

※狭間　鉄砲で敵を射撃するために、櫓や塀などに小さな窓を設けた防御施設。

城郭の規模や姿を変えた石垣の進化

Check!

- 野面積から進化した石垣の技術
- 加工した石を積み上げることで美しい石垣が生まれた
- 下がゆるやかで上が垂直に近い「扇の勾配」は理想の石垣
- 石垣の専門集団・穴太衆が全国に散らばり、各地の築城に貢献する

戦国末期から江戸時代にかけて技術革新した石垣

石垣の断面図

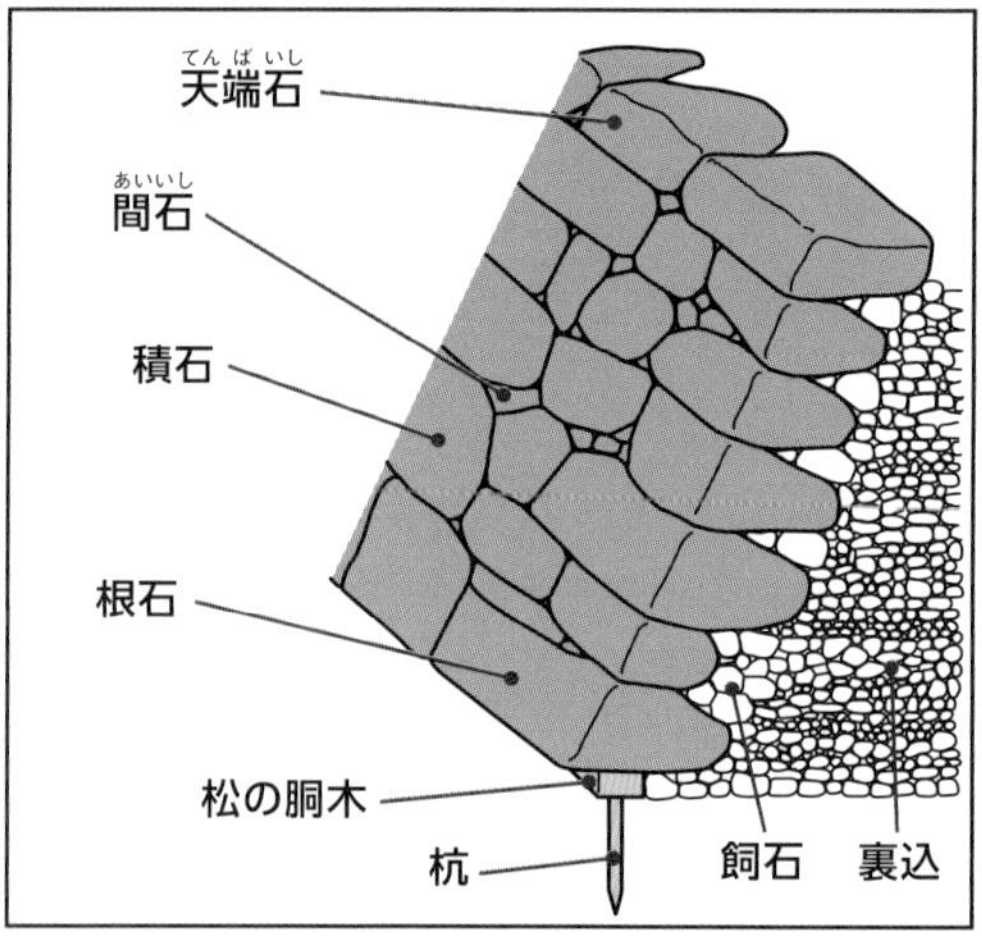

一番下に根石《ねいし》と呼ばれる石を置いて、積石《つみいし》と積石の間には飼石《かいいし》と呼ばれる小さな石を入れて安定させる。石の裏側には水はけを良くするために裏込《うらぐり》を入れる。

信長と秀吉の時代に石垣の技術が向上

城の石垣が大きく変わるのは、織田信長と豊臣秀吉が登場してからだ。彼らは従来の技術を改善しながらより強固な石垣を造り上げていき、その技術は全国に広く普及していった。

石垣の技術が大幅に進化したおかげで、より大規模な城が造れるようになったのはもちろん、**高石垣などの登場で城の防御性も飛躍的に向上**した。

進化する石垣の積み方

石垣の積み方にはいくつかの方法がある。**もっとも古いのが「野面積《のづらづみ》」と呼ばれる自然の石を積んだもので**、石と石の間に隙間が生じ、いかにも粗野。

その野面積の欠点を補う工法として編み出されたの

石垣の勾配

堅牢かつ忍者とて寄せつけぬ「扇の勾配」と呼ばれる石垣。熊本城の石垣などで見られる芸術的な石垣だ。

石垣の積み方

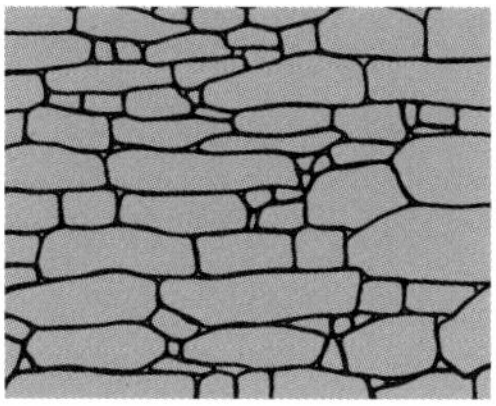

野面積

もっとも古い工法で、加工していない自然の石を積む。石と石の間に隙間ができやすく見た目には美しくない。

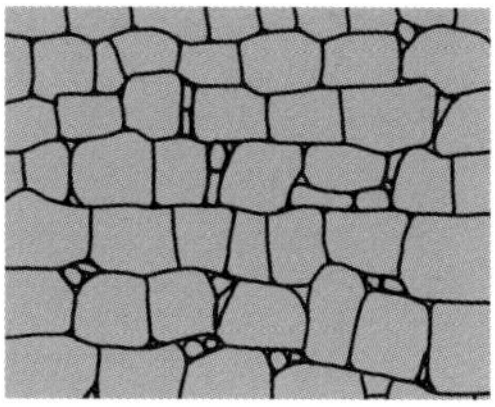

打込接

石の角を削って整形してから積み上げる工法。野面積と比較すると隙間が少ないのが特徴だ。

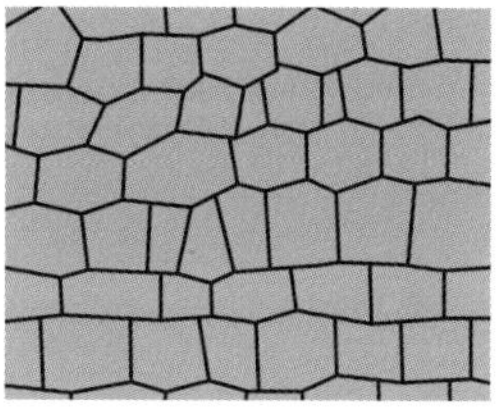

切込接

打込接よりもさらに加工した石を積み上げる。そのため、隙間はほとんどなくなり、見た目にも美しい。

が**「打込接《うちこみはぎ》」**である。これは**石の角を削って、石と石の間の隙間を少なくしたもの**だ。さらに打込接よりも石の**形を整えて積み上げたのが「切込《きりこみ》接《はぎ》」**。以来競うように石加工が進み、見た目に美しい石垣がそこここに登場した。

　戦国末期から江戸時代にかけて、石垣の技術でもうひとつ進化したのが勾配である。石垣は、建築物を支える土台であると同時に、敵の侵入を防ぐ役割がある。建築物を支えるためには土台がしっかりしなければならない。また、敵の侵入を防ぐには垂直に切り立つような石垣が望ましい。その二つの要望を適えたのが、**下はゆるやかで上にいくほど垂直になる「扇の勾配」と呼ばれる石垣**である。

お城マメ知識

石垣づくりの専門集団・穴太衆

　穴太衆《あのうしゅう》とは、近江穴太にいた石垣積みの専門集団のことで、石垣を語る上で欠かせない存在である。近江穴太は比叡山に近く、古来から寺社の石段や石造物づくりに携わっていた。「野面積」に長けており、穴太衆が手掛けた石垣は頑強で美しく、安土城の石垣を担当したことで広く名前を知られるようになる。

　関ヶ原の戦い後、全国各地で築城ラッシュが起きるが、彼らは織田・豊臣系の大名たちから雇われて、多くの城づくりで活躍した。熊本、江戸、駿府、名古屋、広島、高知、彦根城などの名城も穴太衆が手掛けた石垣といわれている。

序章
進化する城⑦

敵の侵入を阻止するために進化した堀と橋

Check!

- □ 山城は空堀、平山城は水堀が多い
- □ 水堀で何重にも城を囲むことで防御性を高めた
- □ 橋には木橋と土橋の2種類がある
- □ 敵が侵入しづらいよう工夫した多彩な橋がある

城郭を守るために工夫が施された堀と橋

空堀から水堀へと移行

堀もその他の城郭技術と共に進化していった。山城の堀の多くが空堀と呼ばれる水のない堀で、土塁と空堀によって敵の侵入を防いでいたのだ。また、山城特有の堀として、斜面の横移動を防ぐために等高線に対して直角に掘った堅堀《たてぼり》なども見られる。

その後、**平山城が主流になると堀は等高線に沿った横堀になり、**水堀にして城域を区切る遮断線としての機能を高めた。なかには水堀で城郭を何重にも囲い込み、その防御性を高めた城もある。そんな水堀には「薬研堀」「片薬研堀」「箱堀」「毛抜堀」といったいくつかの種類がある。

敵の侵入を防ぐために創意工夫した橋

水堀で遮断された外部と城郭、あるいは曲輪と曲輪を結ぶのが橋である。多くの種類があるが、代表的なものとして木橋と土橋がある。

木橋は通常の川の橋と同様に堀と堀をつなぎ、籠城する時に撤去しやすいという利点がある。一方の土橋は、堀の一部を残すなどして造られた橋で道のようなものだ。敵に破壊されるのを防ぎ、**一度に大人数を、また重い荷物を運ぶのに適していた。**さらに、堀を区切って水堀と空堀に分けたり、水面の高さを調整する役割も果たしていた。ただし、敵に侵入されやすいというデメリットもある。この土橋の欠点を補うために、土橋と木橋を組み合わせたものや木橋を可動式にした桔橋《はねばし》なども生まれた。

その他にも橋に屋根をつけた廊下橋、敵が直線的に侵入できない筋違橋、折長橋などもある。

いろいろな形状がある堀の底部の種類

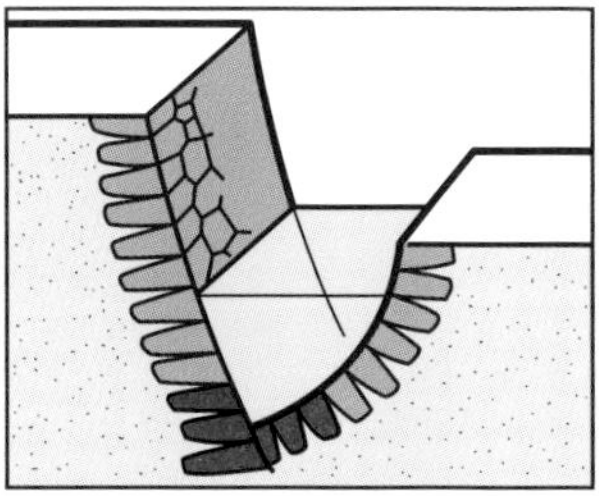

片薬研堀
堀の底を片方だけV字型にした堀

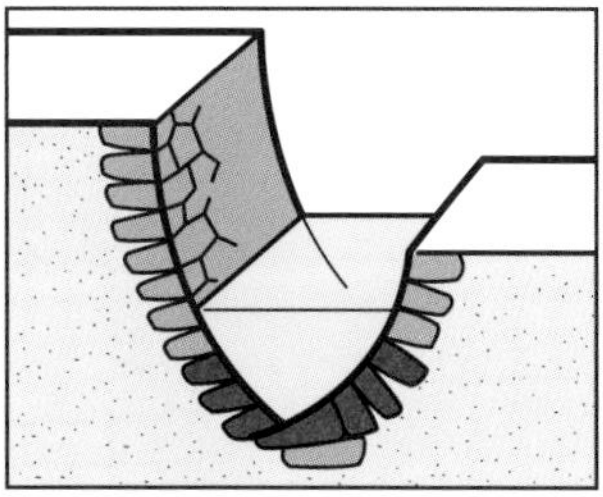

薬研堀
堀の底をV字型にした堀

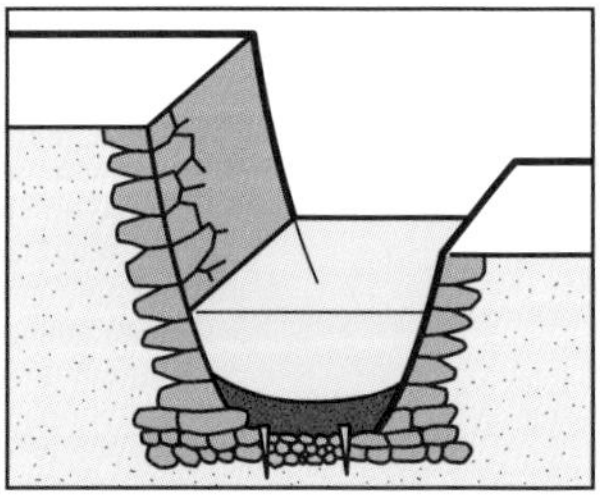

毛抜堀
堀の底を丸くしたタイプのもの

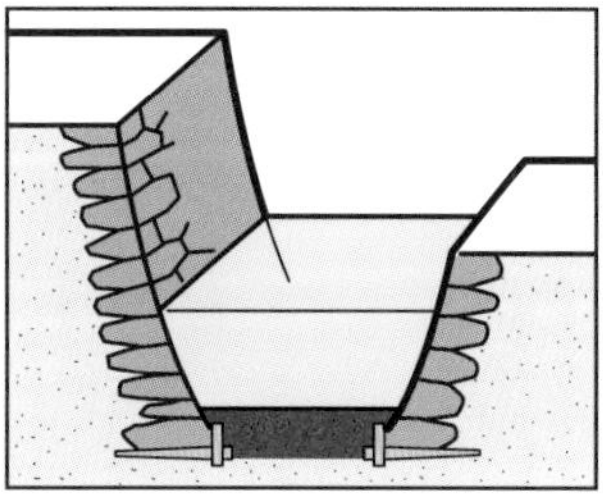

箱堀
堀の底を平らにしたもの

戦時を想定して生まれた様々な橋

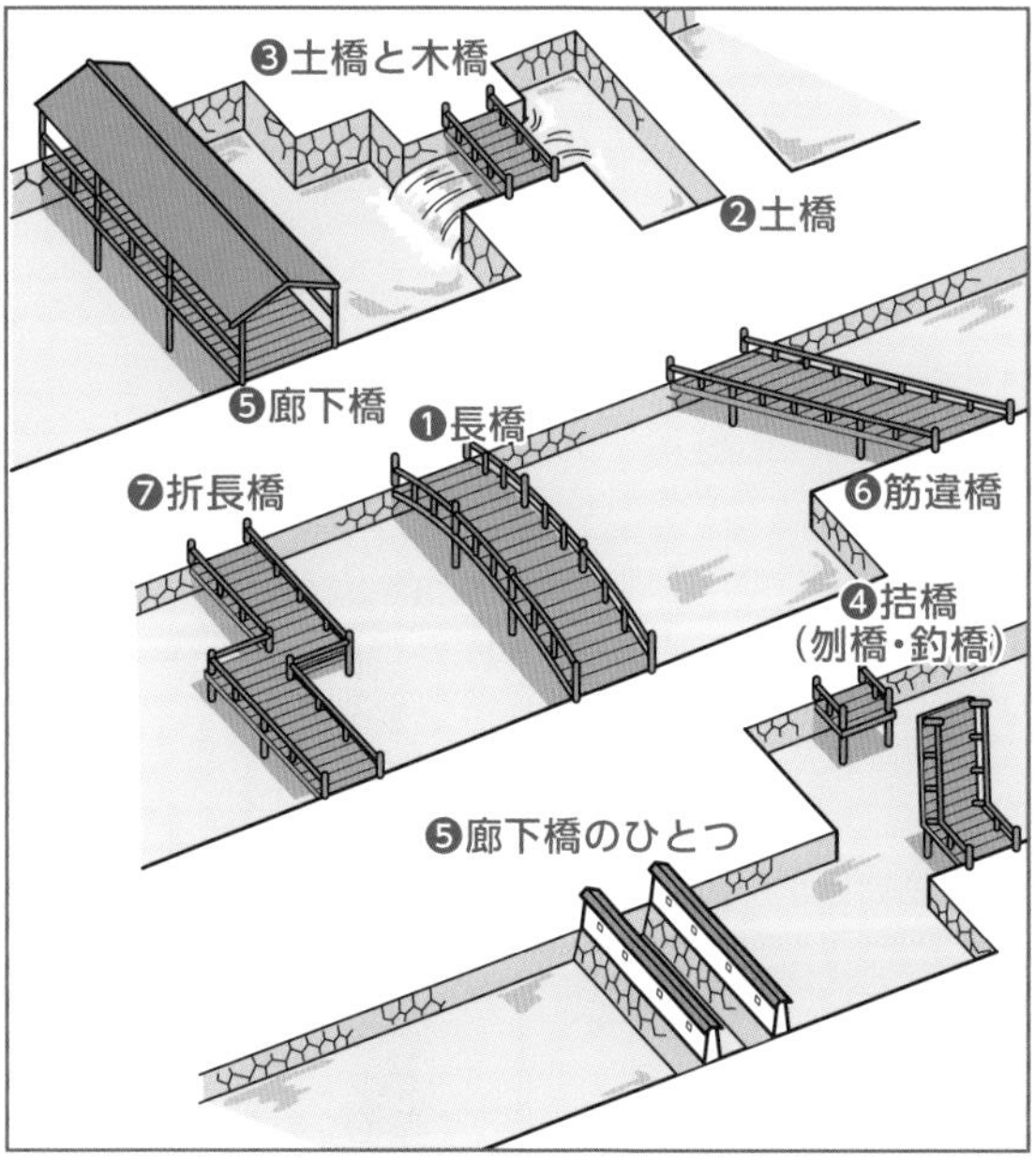

❶長橋
代表的な木橋。戦争時はこれを撤去して敵の侵入を防いだ

❷土橋
重い物を運んだり、水の調整には役立つが防御面の欠点があった

❸土橋と木橋の組み合わせ
土橋の弱点を補うために、すぐに撤去できる木橋を組み合わせた

❹拮橋
橋の中央を綱で引き上げて敵が渡れないようにできる

❺廊下橋
屋根を取り付けて雨天でも移動ができるようにした橋。これに壁を取りつけて多聞櫓にした橋もある

❻筋違橋
侵入した敵は斜めにしか侵入できないようにした橋

❼折長橋
橋の真ん中にクランクを設けて侵入しづらくした橋

一国一城令、廃城令等で多くの城が消失する

Check!

- □ 江戸時代、一国一城令で城は激変する
- □ 明治の廃城令で多くの建築物が取り壊される
- □ 第２次世界大戦の空襲で焼失した多数の城
- □ 戦後に天守や城郭建築が復元された

廃城令や戦火を乗り越えて複数の城が再建される

栄枯盛衰――城、受難の時代に

戦国時代と江戸時代初期に続々と築城された城だったが、その状況が大きく変わるのが**元和元年（1615）の一国一城令の発布**である。これは一国に対して大名の居城、もしくは政庁である主城をひとつしか認めず、その他の支城はすべて廃城にするという江戸幕府が出した法令である。一部に特例を認めたが多くの国では一城のみになり、**戦国末期に3000近くあった城は、一気に170城まで激減**したのだ。廃城になった城の中には、戦国時代に重要な拠点だった城も多数含まれていた。

この法令が出されたのは豊臣家が滅亡した大阪夏の陣の直後のことであり、磐石な幕府体制の確立を目指したためだ。さらに※**島原・天草一揆**に

一国一城令で廃城になった主な城

■高岡城
富山藩の支城。本城は富山城のみ残された

■丸亀城
讃岐藩の支城。一度廃城となるが丸亀藩の本城として復活

■敦賀城
敦賀藩の城だったが廃城になる

■茨木城
竜田藩の城だったが廃城になる

■岩国城
長州藩の支城。廃城後は陣屋として利用された

■三刀屋城
出雲藩の支城。本城の松江城のみが残された

■水沢城
仙台藩の支城。廃城後は水沢要害として残された

■魚津城
前田富山藩の城だったが廃城処分された

復興した主な天守

大阪城

会津若松城

岐阜城

熊本城

岡崎城

小田原城

名古屋城

掛川城

和歌山城

広島城

再建された多くの天守は鉄筋コンクリート製だが、資料等を参考にして外観は往事のものと変わらない姿を伝えている。

衝撃を受けた幕府は、破却した城が再利用できないように石垣まで取り壊すといった徹底した破城政策を進めた。

明治維新によって政治体制が一新されると、政庁や軍事拠点としての城の役割を終え、明治6年（1873）の廃城令によって全国にある多くの城の建物は取り壊しになり、二の丸や三の丸などは官庁や陸軍に払い下げられ、その敷地として利用された。ここでも多くの城郭建築が消失してしまった。

戦火を乗り越えて 復興天守が続々と建設

明治の廃城令を乗り越えて天守をはじめとした建築物を残した城郭は、観光施設として注目され始めた。また、明治時代には彦根城、松本城、姫路城などいくつかの城郭が国宝に指定されるなど、日本独自の文化遺産として後世に残されることになった。

ところが第二次世界大戦の空襲によって、またしても多くの城が被災し、多くの天守が姿を消してしまう。ちなみに現在、**江戸時代の天守を残す城は全国で12城しかない**。

さて、明治の廃城令と戦火によって多くの城が憂き目を見るのだが、戦後、日本人の心に深く刻まれた城は復興を遂げる。**昭和30年代になると、地元の自治体などが町の象徴として天守を次々と再建した**。いわば観光ブームが城を救ったのである。その思惑通り、城は訪れる者を魅了し、地域の経済発展に今なお貢献している。

※島原・天草一揆　島原藩の圧政によって百姓一揆が起こり、キリシタン信徒を巻き込んだ反乱に発展。幕府は大軍を率いてようやく鎮圧した。

第1章
戦いの舞台となった城

軍時拠点である城は幾度となく壮絶な戦の舞台にもなりました。歴史に残る戦いが繰り広げられた城をピックアップし、その戦いの背景を探ります。

上田城

鳥取城

小田原城

会津若松城

第1章
大阪冬の陣・夏の陣
（豊臣軍VS幕府軍）

豊臣家の栄枯盛衰を見届けた城
大阪城

石山本願寺跡に秀吉が築城する

　豊臣秀吉が大阪城を築き始めるのは天正11年（1583）。信長の継承者に躍り出た時期であり、その勢力を誇示するかのように巨大な城の建設に取りかかった。秀吉が目をつけたのはかつて**織田軍と死闘を繰り広げた石山本願寺跡**※だった。淀川沿いの台地にあり、天然の要害であると共に交通の便にも優れており、政治と軍事の拠点として申し分のない場所だったからだ。広大な敷地に5層の天守を頂く大阪城は、天下人・秀吉の権力の象徴として完成した。

　しかし、関ヶ原の戦い以後、大阪城の位置づけは大きく変化する。関ヶ原の戦いで反徳川勢力を一掃した家康にとって、大阪城にいる豊臣秀頼は徳川の天下を磐石にするために取り除かなければならない標的。

　豊臣の恩顧を蒙る加藤清正、福島正則などの大名が残り、家康と秀頼の間を必死に取り持つが、両者の関係は一向に良くならない。

20万人もの軍勢が大阪城を取り囲む

　そして直接の引き金になったのが、方広寺鐘銘《ほうこうじしょうめい》事件である。秀吉の冥福と豊臣家の繁栄を祈るために再建された方広寺の鐘銘に対して、幕府は難癖をつけたのである。「国家安康」は家康を二つに切り、「君臣豊楽」は豊臣家のみが栄えるという意味だと糾弾。これを契機に戦いは回避できないと知った豊臣家は、浪人たちに呼びかけて大阪城に軍勢を集めた。

大阪城内の主な豊臣方武将

❶ 中島氏種
❷ 南部信景
❸ 野々村吉安 など
❹ 渡辺糺
❺ 明石全登
❻ 湯浅正寿 など
❼ 真田幸村
❽ 木村重成 など
❾ 長宗我部盛親 など
❿ 北川宣勝 など
⓫ 大野治長
⓬ 真野頼包 など
⓭ 槙島重利
⓮ 岡部則綱
⓯ 埴直之
⓰ 大野治房 など
⓱ 後藤基次
⓲ 赤座直規 など
⓳ 毛利勝永
⓴ 伊東長実
㉑ 堀田盛高

DATA

特 指 重
室 江 平城

築城者：豊臣秀吉
　　　　徳川幕府
築城年：1583年、1620年
アクセス：JR大阪環状線「森ノ宮」駅・「大阪城公園」駅下車、徒歩約15分。地下鉄谷町線・地下鉄中央線「谷町四丁目」駅下車、徒歩約15分

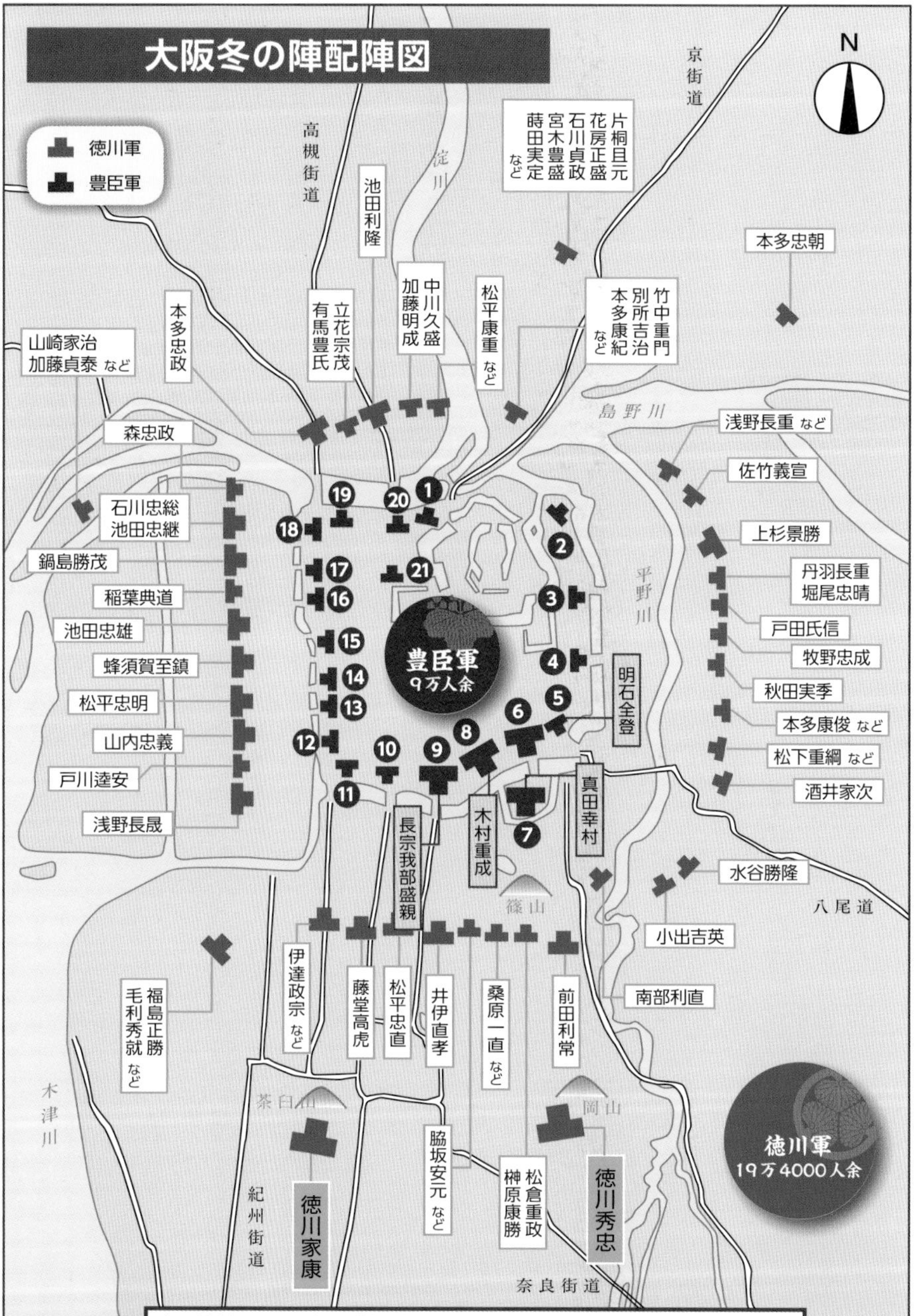

青の徳川20万の大軍が大阪城を包囲した。豊臣軍は大阪城に篭城したが、唯一、真田幸村が真田丸を場外に築いて応戦した。

※石山本願寺　信長が攻略するのに足掛け10年を要した要害の地にあった浄土真宗の寺院。

そんな豊臣方の動きを待っていたとばかりに、家康は慶長19年（1614）の11月、諸大名に号令をかけて約20万人の大軍を動員した。**豊臣方は難攻不落といわれた大阪城に籠城**するという戦法で対応した。これが大阪冬の陣である。

冬の陣の講和で外堀を埋めて裸城に

大阪冬の陣の戦いでもっとも有名な戦いは、真田幸村の変幻自在な戦いだろう。豊臣勢は基本的には籠城策を選ぶのだが、幸村など一部の武将は籠城戦に反対。幸村は大阪城の外側に真田丸という砦を築いて徳川方を翻弄した。幸村など浪人武将の活躍もあり、力攻めで大阪城を落とせないと悟った家康は講和に持ち込む。その講和では、大阪方は外堀をはじめ三の丸、二の丸が埋められ本丸だけを残す条件を飲んでしまったのだ。

外堀を埋められた大阪城は、もはや難攻不落の城とは言い難かった。講和からわずか5ヶ月後の慶長20年（1615）5月、家康は再び大軍を起こす。裸城となった大阪城では籠城できず、城外への出撃しか戦法は残されていなかった。さりとて、兵力には圧倒的な差がある。大阪方の武将の奮戦むなしく、**わずか4日間の戦いで大阪城は落城**してしまう。これが大阪夏の陣である。

豊臣大阪城を復元した3代目天守

豊臣滅亡後の大阪城は、徳川幕府によって接収される。大阪夏の陣で天守は炎上してしまったが、新たな城づくりを行った。秀吉による縄張の上に盛り土をして石垣も新たに築き、天守も築いた。徳川幕府によって建設された2代目の天守は寛永3年（1626）年に完成した。秀吉が建造した天守は望楼型だったが、徳川幕府の天守は層塔型だったようだ。焼失してしまい定かではないが、徳川天守は豊臣天守よりも15メートル高かったようだ。そんなところにも豊臣家の威光を払拭し、徳川幕府の権勢を知らしめたいという意図が見え隠れする。

ちなみに**現在の天守は昭和6年（1931）に再建**されたもので、豊臣家のものを模して、徳川家の天守台の上に建造された。

大阪城年表

- **1496年** 一向宗の蓮如が御坊を開いて隠居所にする
- **1532年** 一向宗の本拠地になる
- **1570年** 信長と石山本願寺の石山合戦が始まる
- **1583年** 秀吉が跡地に大阪城を築城。以来15年かけて完成させる
- **1615年** 大阪夏の陣で落城
- **1620年** 徳川秀忠が再築を開始
- **1626年** 再築大阪城が完成
- **1665年** 落雷によって天守が焼失。以来、天守は再建されなかった
- **1931年** 3代目の現在の天守が再建される

大阪城の見所

乾櫓 いぬいやぐら

元和６年（1620）に建造された千貫櫓と共に城内最古の建造物。１階と２階が同じ床面積の珍しい形式の二重櫓。

天守

昭和６年（1931）に竣工された豊臣家天守を再現した現在の大阪城天守。地上 55m ある当時としては超高層建築物だった。

千貫櫓 せんがんやぐら

乾櫓と共に小堀遠州が設計した元和６年の建造物。２層の隅櫓で国指定重要文化財だ。

多聞櫓 たもんやぐら

全国各地の城には多聞櫓はたくさんあるが、その中で高さが 14.7m もある最大の多聞櫓だ。

蛸石 たこいし

面積は 36 畳敷きで、重さは推定 130t もある城内最大の石。

（大阪城天守閣蔵）

第1章
会津戦争
（新政府軍VS旧幕府軍）

戊辰戦争の悲劇の舞台になった城
会津若松城

DATA

福島県会津若松市
（陸奥国）

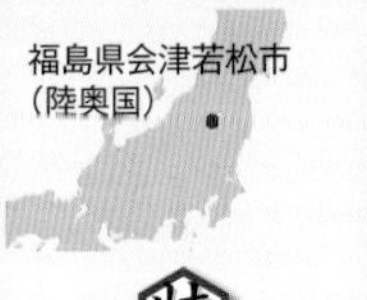

特
江
平山城

築城者：葦名直盛、蒲生氏郷、加藤明成
築城年：1384年、1593年、1639年
アクセス：JR磐越西線「会津若松」駅から、会津バス「鶴ヶ城まわり」で約15分「鶴ヶ城北口」下車、徒歩約3分

佐幕派の中心的な役割を担った会津藩

約1年半に及ぶ戊辰戦争の中でも、壮絶な籠城戦となったのが、会津若松城を舞台にした会津戦争である。そもそも**会津藩が幕末の混迷する政局の中に引きずり込まれた原因は、藩主・松平容保《まつだいらかたもり》の京都守護職の就任にある。**文久2年（1862）に幕府から任命を受けて、京都で活動する尊王攘夷派の志士たちの取り締まり強化に当たった。ここで長州をはじめとする倒幕派と激しく対立し、**佐幕派**※を代表する藩として戊辰戦争でも徹底抗戦をした。

親藩とはいえ、会津藩が最後まで幕府に忠義を尽くして壮絶な戦いをした背景には、会津松平家の家訓が大きく影響していた。会津松平家の藩祖・保科正之《ほしなまさゆき》は3代将軍家光の異母弟に当たる。正之は兄の家光が死に際に「宗家を頼む」と言い残したことに感銘を受けて、会津家訓十五箇条を定めた。その第一条に「会津藩は将軍家を守護すべき存在であり、藩主が裏切ったら

会津戦争の経緯

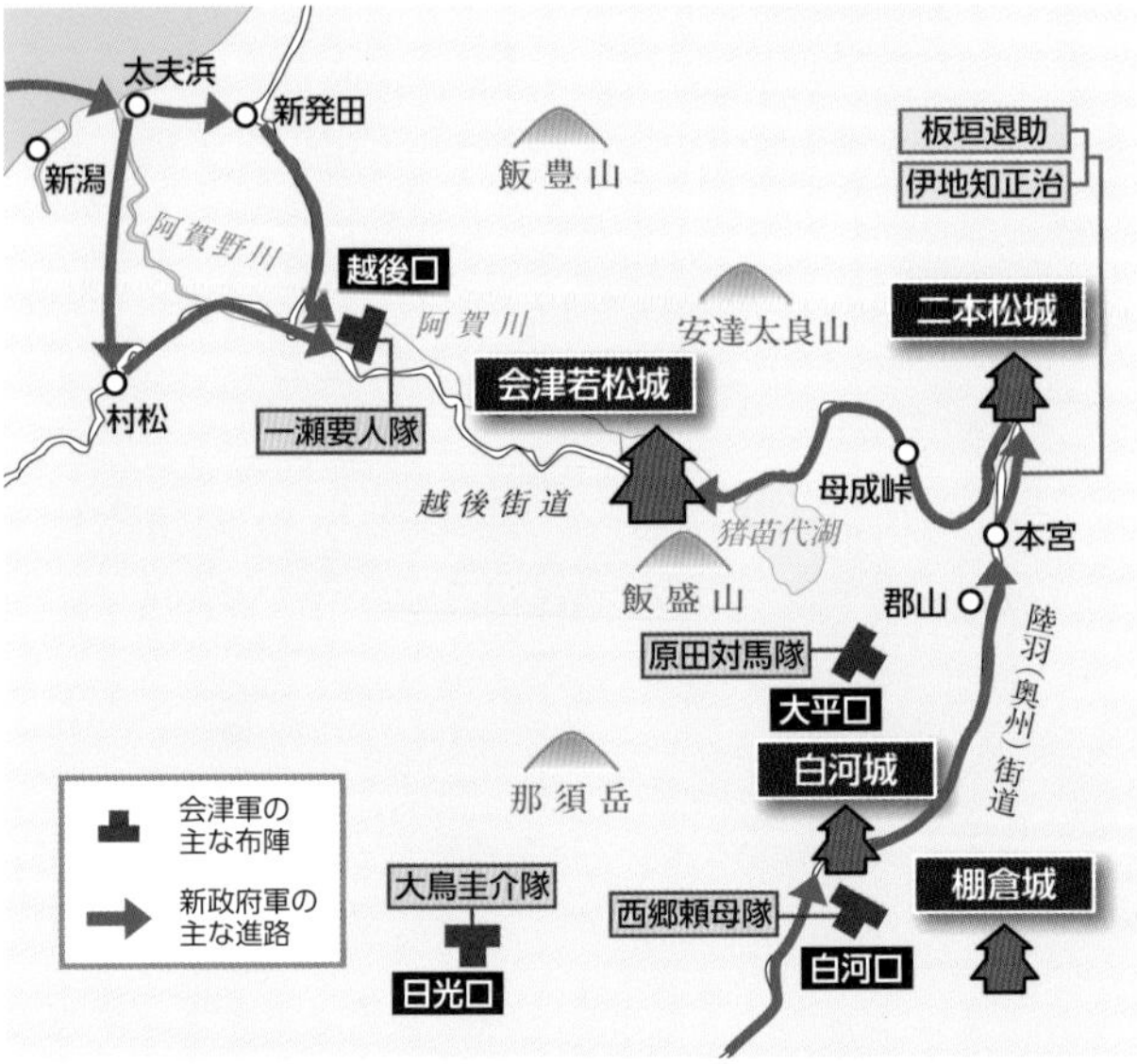

白虎隊の悲劇を描いた絵と松平容保の写真

白虎隊自刃の図
飯盛山にいた白虎隊の悲劇。（画・佐野石筆、所蔵・会津若松市）

松平容保の写真
京都守護職に就任していた頃の撮影といわれている。（所蔵・会津若松市）

新政府軍		旧幕府軍
薩摩藩、長州藩、土佐藩、肥前藩 など	VS	旧幕府、会津藩、鳥羽藩、桑名藩、大垣藩、新撰組、京都見回組、奥羽越列藩同盟 など

家臣は従ってはならない」と記した。容保もこの家訓に従って、最後まで幕府と運命を共にしたといわれている。

白虎隊の悲劇を生んだ会津戦争

さて、戊辰戦争が勃発したのは明治元年（1868）1月。鳥羽伏見の戦いで、会津藩は旧幕府軍の主力部隊として薩長をはじめとした新政府軍と戦い、敗走する。緒戦で勝利した新政府軍の主力部隊は東海道を東上し、江戸へと進む。そして江戸城無血開城を経て、関東各地の旧幕府軍を鎮圧、いよいよ東北へと軸足を移す。江戸城無血開城前に会津に帰っていた容保は、東北や越後30余の藩と奥羽越列藩同盟を結ぶなど新政府軍への対抗措置を講じていた。

そんな会津藩に対して新政府軍は、5月1日に会津藩家老の西郷頼母が守る白河城を落として、東北の玄関口である白河を奪取する。続いて列藩同盟の一員である棚倉藩、磐城平藩、三春藩を降伏させる。そして7月29日には二本松城も落として、会津若松城へと進軍を開始。母成《ぼなり》峠も突破して8月22日にいよいよ会津若松城城下へと攻め込んだ。

翌23日からは城下で激しい戦闘が繰り広げられ、町は火に包まれた。この城下の火を飯盛山から見た少年隊士たちは、**会津若松城が落城したと勘違いし、集団自決してしまう。これが、有名な白虎隊の悲劇**である。

※佐幕派　幕府を倒そうとする「倒幕派」の対抗勢力。あくまでも幕府を守る立場にあった藩や人物を指す。

新政府を相手に1ヶ月の籠城戦

城下を火の海にしながらも抗戦していた会津兵だったがだんだんと劣勢になり、ついに会津若松城に立て籠る。新政府軍は鉄砲攻撃だけでなく、大砲を城へと打ち込むなど猛攻撃を加える。それでも**会津軍は約1ヶ月間にわたって懸命に防戦**をしたが、列藩同盟の盟主であった仙台藩と米沢藩が相次いで降伏。いよいよ進退窮まり、**9月22日に降伏する。**

藩主の松平容保は、新政府軍の桐野利秋の判断で死を免れ、江戸で蟄居の身となった。ちなみに家老の西郷頼母《さいごうたのも》や会津戦争に参加していた新撰組の土方歳三や**彰義隊**《※しょうぎたい》の大鳥圭介は脱出を図り、この後、函館戦争の主役となる榎本武揚と行動を共にした。

維新の悲劇を語り継ぐ名城

戊辰戦争で壮絶な戦いがあった会津若松城の成り立ちは古く、室町時代の葦名家の居城だった黒川城まで遡る。東北の名門だった葦名家が伊達政宗に滅ぼされると、その後は複数の大名が入城して何度も改修を行い、東北屈指の名城となった。

戊辰戦争で傷んだ天守は明治初期に取り壊されたが、昭和40年（1965）に再建されている。往時の天守や走長屋、干飯櫓などを再現した層塔型天守は、東北の名城にふさわしい美しい姿を横たえている。

会津若松城の年表

- **1384年** 葦名直盛によって黒川城が築かれる
- **1589年** 伊達政宗が入城
- **1590年** 蒲生氏郷が黒川城に入城
- **1593年** 7層の天守が完成。名前も黒川から若松に改める
- **1598年** 上杉景勝が入城。120万石大名の居城となる
- **1601年** 蒲生秀行が入城
- **1627年** 松山から加藤嘉明が転封
- **1639年** 天守を5層にして、西出丸と北出丸を増築。現在の姿になる
- **1643年** 保科正之が転封し、23万石を拝領する
- **1696年** 将軍の命により、松平姓と葵の紋を用いるようになる
- **1862年** 松平容保が京都守護職を命じられる
- **1868年** 戊辰戦争、会津戦争を経て開城する
- **1874年** 廃城となる
- **1965年** 天守が再建される
- **2001年** 干飯櫓、南走長屋を復元

往時の天守や走長屋などを再現した現在の会津若松城

天守
往時の姿を再現した鉄筋コンクリート製の天守。３層目にある千鳥破風付きの張り出しが特徴的だ。

走長屋 はしりながや
天守と表門をつなぐ走長屋。本丸への敵の侵入を防ぐための構造物だが、天守と門や櫓と結んだ屋根が美しい。

石垣
東側にある石垣。城内にあるもっとも高い石垣で、高さは20mある。

南走長屋 みなみはしりながや
走長屋と同様に敵の侵入を防ぐために設けられた。

有名戦国武将と関わり深い城

会津若松城ほど、多くの有名武将が関わった城も珍しい。伊達政宗が葦名家を滅ぼし、当時、黒川城と呼ばれていた、ここに入城したのは天正17年（1589）のこと。その後、秀吉の命を受けて政宗を抑えるために会津の領主となったのが、織田信長の娘婿で名将の蒲生氏郷だ。名称を黒川から「若松」へと改めたのも、氏郷である。

そして氏郷亡き後は、上杉景勝が入り、さらに築城の名人で知られる加藤嘉明も城主となる。こうした有名武将の手によって会津若松城は手を加えられ、名城へと進化していった。

※彰義隊　徳川慶喜を警護する目的で、元幕臣や諸藩士などで結成された組織。新政府と戦った上野戦争で敗れた。

第1章
第一次・二次上田合戦
（真田軍VS徳川軍）

上田城

真田昌幸が2度徳川に勝利した舞台

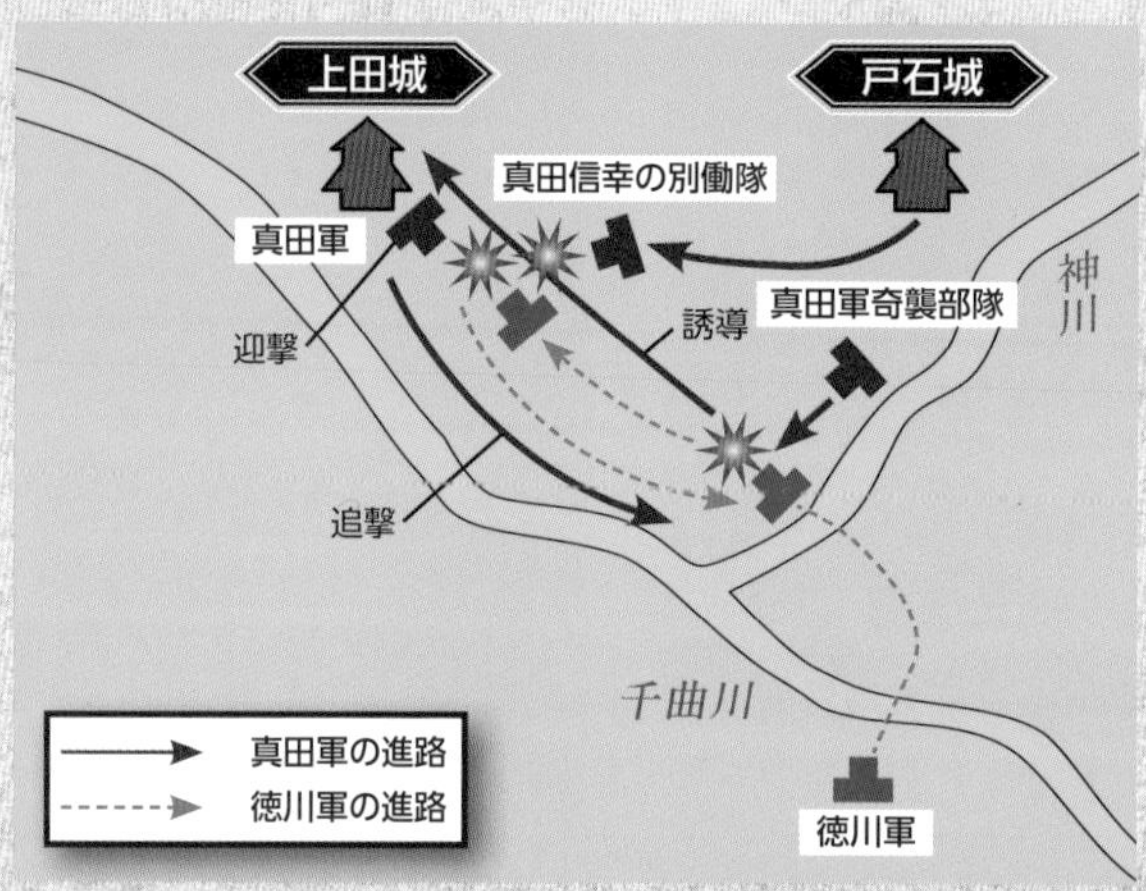

徳川軍を上田城へと誘い込み、城に引きつけておき戸石城から信幸の部隊が側面を襲う。徳川軍は混乱して神川まで逃げるが、川が増水していたために大打撃を受けた。

領地問題で徳川から離反した真田家

上田城は、徳川の大軍を2度も退けた**真田昌幸が築城した城として知られる**。昌幸は、若い頃は武田信玄に仕え、戦国時代指折りの知将として名高い軍略にも長けた武将だった。上田城の築城は天正13年（1585）だったが、その年に徳川勢に攻め込まれる。

これが第一次上田合戦。その発端は昌幸の寝返りにあった。当時の上田は徳川家と上杉家の勢力の境界地域にあり、小領主の昌幸にとってはどちらかに属さないと生き残れない状況だった。初めは徳川家に属していたが、所領地である沼田を北条家に引き渡せと家康から命を受けた。

しかし、昌幸はこれを拒絶し、次男の幸村を上杉家に人質に差し出して鞍替えをしたのだ。これに激怒した家康は軍勢を上田に派遣。その数は約7000人、迎え撃つ真田勢は領民を含めてわずか2000人弱しかなく、兵力の差は歴然だった。

DATA

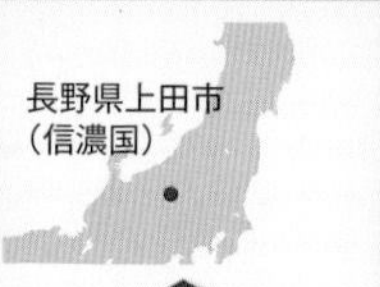

指
安
平城

築城者：真田昌幸
築城年：1585年
アクセス：JR長野新幹線「上田」駅下車、徒歩約10分

優れた武将を多く輩出した真田家

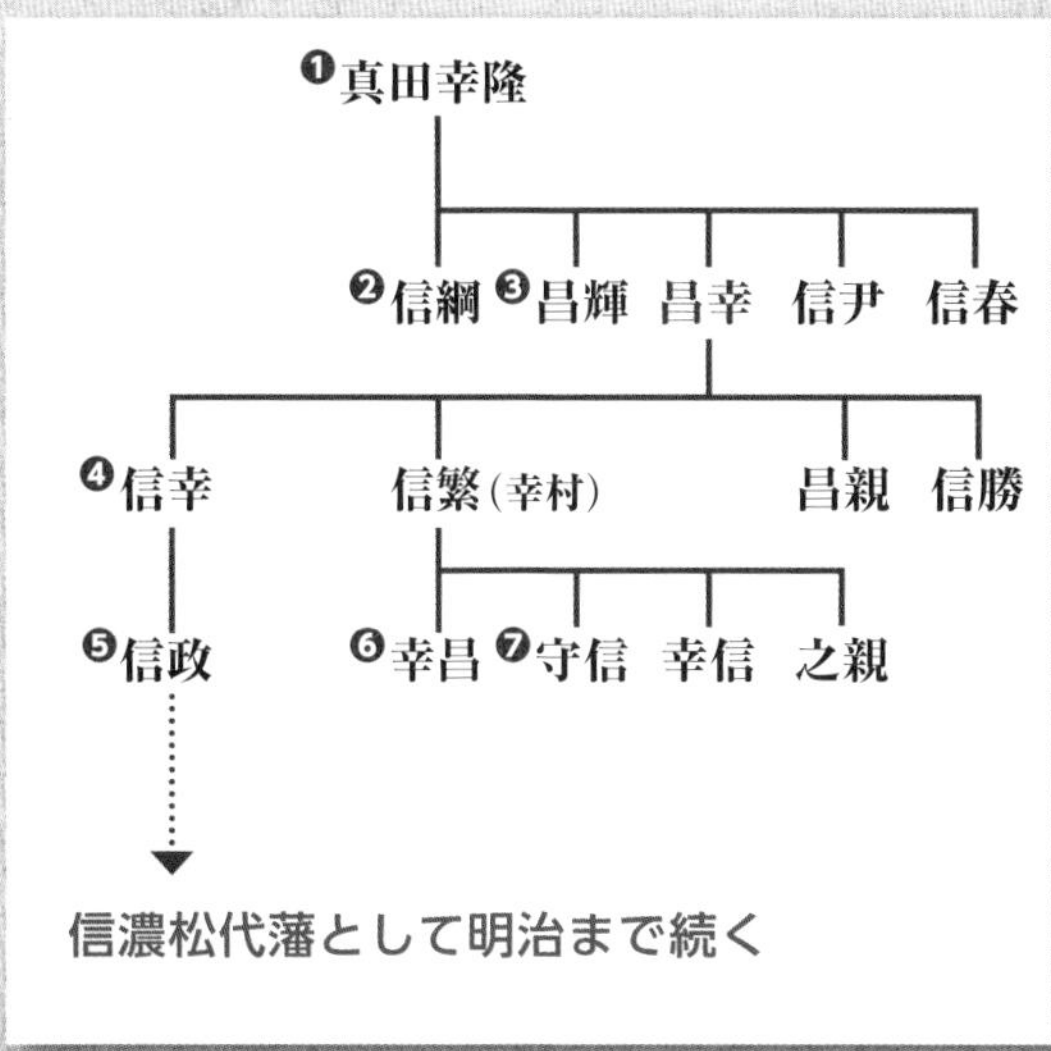

❶真田幸隆…　武田信玄に仕えた謀将。武田24将の一人。

❷信綱………　昌幸の長兄。長篠の戦いで戦死

❸昌輝………　昌幸の次兄。長篠の戦いで戦死

❹信幸………　信濃松代藩10万石の初代藩主

❺信政………　信濃松代藩10万石の2代藩主

❻幸昌………　通称「大助」。父・幸村と共に大阪夏の陣で戦死

❼守信………　伊達家の片倉重長に保護され、以来、片倉家の家臣となる

昌幸の誘引作戦で大敗を喫した徳川軍

当時、上田城は築城に取りかかったばかりで、防御力は極めて低く、城郭を頼りにできない昌幸は、上田の地形を利用した作戦で徳川勢の撃退を目論んだ。数で劣るため短期決戦に持ち込もうと、絶好の防御地点をわざと放棄して、徳川軍の進路が隘路《あいろ》になるよう仕向けて上田城に直進させたのだ。

続いて真田軍は徳川軍に対して、奇襲で戦いを仕掛け、優勢の内にわざと後退する。これは徳川軍を城へと誘引していくための布石だった。そして徳川軍を上田城に十分に引きつけた時に、**昌幸は息子の信幸を上田城の様子を視認できる戸石城から出撃させ、徳川軍の側面を突かせた**。これによって徳川軍は大混乱に陥る。しかも上田城に籠っていた真田軍も一斉に追い討ちをかけるように攻め立てた。

瞬く間に徳川軍は潰走し、神川まで追い詰められてここで大損害を蒙った。昌幸の地の利を生かした戦法により、数で圧倒する徳川軍は1200人もの戦死者を出したといわれ、一方の真田軍はわずか40人。まさに真田軍の圧勝ともいうべき戦で、これによって真田昌幸の武勇は広く知れ渡った。

3万8000の大軍を釘付けにした戦略

第一次上田合戦から15年後の慶長5年(1600)、関ヶ原の戦い直前、上田城は再び歴史の表舞台に登場する。

第二次上田合戦

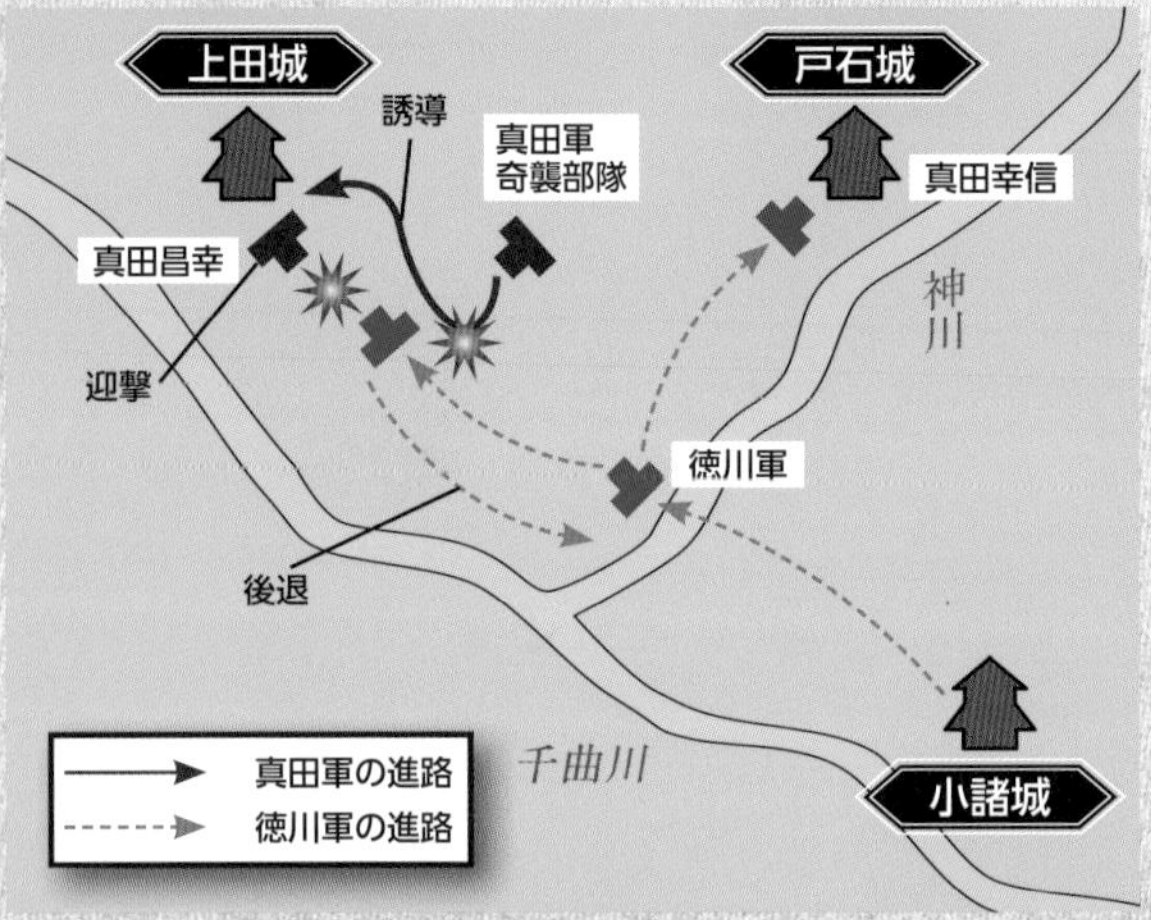

真田軍
総大将：真田昌幸
主な武将：真田幸村など
総勢約 3500 人

VS

徳川軍
総大将：徳川秀忠
主な武将：本多正信、榊原康政、
土井利勝など
総勢約：3万 8000 人

第一次上田合戦と同様に徳川軍を上田城へと誘い込み、奇襲隊や鉄砲隊によって敵軍を混乱させることに成功した。

会津の上杉征伐のために関東に集結していた徳川家康と諸大名は、石田三成ら反徳川勢力の挙兵に、兵を西にとって帰したのである。家康は二手に分かれ自らは東海道を下り、息子の秀忠に中山道を下らせたのである。その秀忠の前に立ちはだかったのが、上田城に籠った真田昌幸・幸村親子だった。

真田家は当主の昌幸と次男・幸村が徳川軍から離反し、長男の信幸は家康の家臣・本多忠勝の娘を妻に娶っていた関係から徳川方についた。どちらが勝っても真田家を存続できるように分かれたともいわれている。

真田親子に対して秀忠は投降を勧告し、昌幸もすんなりと受け入れるが開城する気配をまったく見せない。これは関ヶ原を目指す徳川軍を足止めさせるための昌幸の策で、それを知った徳川軍は戸石城を占領して警戒部隊を展開した。この部隊に対して**昌幸は囮の部隊で挑発をして上田城下に誘い込む**。上田城下は15年の歳月をかけて、独立した拠点を複数設け、防御力は飛躍的に向上していた。林に隠した伏兵や鉄砲隊の攻撃に、徳川軍は算を乱して退却を余儀なくされた。

第一次上田合戦に続いて2度も昌幸に翻弄された徳川軍だったが、目標はあくまでも石田三成が率いる西軍と雌雄を決することにある。反撃する時間は残されておらず、西へと進軍を開始したが、結果として秀忠は※**関ヶ原の戦いに間に合わない**という失態を演じることになった。

戦国時代の面影を今に伝える現在の上田城

櫓門
平成６年に再建された櫓門。両脇にある南櫓と北櫓は、明治時代に払い下げられていたが昭和24年（1949）に現在の場所に再移築された。

南櫓
古い時代の建物を再移築した南櫓。歴史を感じる建築物と四季折々の木々との調和が美しい。

一方、関ヶ原の戦いは東軍の勝利に終わったが、昌幸の変化自在の戦いは高く評価され、その軍略は息子の幸村へと引き継がれていった。

真田氏の後は仙石氏、松平氏が城主になる

２度の上田合戦の部隊となった上田城は、関ヶ原の戦い後、１度は廃城になった。旧領地は息子の信幸が引き継いだものの、その後、信濃松代へと移封された。上田城を復興したのは元和８年（１６２２）に**信幸に代わって上田領主となった仙石忠政**。しかし、忠政が亡き後、松平氏が城主になるが、再建は中断されたまま明治を迎えた。

明治以降はいくつかの櫓が払い下げられたが、市民運動によって買い戻され、現在の北櫓と南櫓などが移築復元されている。

その後の真田親子の運命

関ヶ原の戦いで西軍に属した真田昌幸・幸村親子は、上田領没収と死罪を言い渡される。しかし、徳川方についていた信幸と舅の本多忠勝の助命嘆願によって、高野山山麓の九度山に蟄居が命じられた。昌幸はここで慶長16年（１６１１）に死去する。

幸村は周知の通り、大阪冬の陣・夏の陣の時、九度山を抜け出して大阪城に馳せ参じて、徳川軍を苦しめた。上田合戦で広く知られていた真田家の武勇をさらに高めた。ただ、その後２人とも居城である上田城はおろか上田の土を踏むことはなかった。

※関ヶ原の戦いに間に合わない　関ヶ原の開戦は９月15日の朝だったが、秀忠の軍勢が到着したのは17日だった。

戊辰戦争最後の戦場となった城
五稜郭

榎本武揚軍の軍事拠点となる

五稜郭は、徳川幕府が函館奉行所の防備を強化する目的で安政4年（1857）に築城を開始し、元治元年（1864）に完成した。**日本で初めて西洋式の城郭技術と軍学を用い**、星形（稜堡式）で防御に死角がないのが特徴だ。幕末に南下してくるロシアを想定した城郭だったが、結果として外国との戦争ではなく内戦の舞台となってしまった。その戦いが函館戦争である。

この戦争の主人公といえるのが榎本武揚《えのもとたけあき》だ。幕府海軍の副総裁だった武揚は、江戸城の無血開城の後も軍艦の引き渡しを拒否し、8隻の軍艦を率いて江戸を脱出。会津戦争で官軍に敗れた土方歳三や会津藩士を乗船させて蝦夷地（北海道）を目指した。

函館に到着した榎本は、官軍に接収されていた五稜郭を占領する。さらに、松前城※を落として蝦夷地の制圧に成功する。そして、明治元年（1868）12月に列強国に

現在の五稜郭

五稜郭
星型の形状をした洋式城郭。ヨーロッパで発達した城郭都市を参考に設計されたという。

大手口半月堡
大手虎口の堀にある三角形の馬出。周りは石垣で囲まれ、敵を食い止める役割があった。

（函館市教育委員会提供）

DATA

特　江　平城

築城者：江戸幕府
築城年：1857年
アクセス：JR函館本線「函館」駅から、路面電車「湯の川行き」で約15分「五稜郭公園前」下車、徒歩約10分

榎本武揚の夢が散った函館戦争の経過

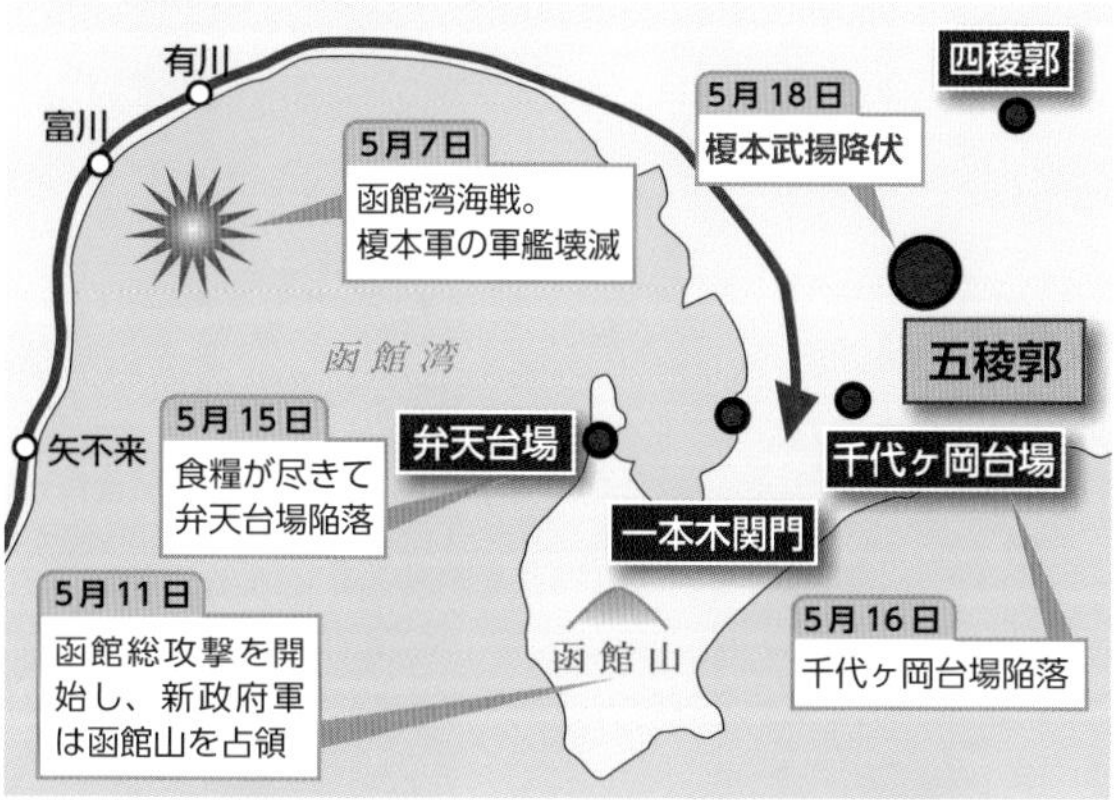

新政府軍
青森口総督：清水谷公考
参謀：山田顕義、黒田清隆など
軍艦：甲鉄（東艦）、春日丸など
総勢約 7000 人

VS

榎本軍
総裁：榎本武揚
陸軍奉行：大鳥圭介
陸軍奉行並：土方歳三など
軍艦：回天丸など
総勢約 3000 人

1868 年 10 月 26 日
榎本軍、五稜郭を占領
同年 12 月 15 日
蝦夷共和国を樹立
同年 4 月 9 日
新政府軍乙部に上陸
1869 年 4 月 17 日
新政府軍が松前城を奪回
同年 4 月 20 日
木古内沖で榎本軍軍艦退却
同年 5 月 7 日
函館湾海戦。榎本軍の軍艦壊滅
同年 5 月 11 日
新政府軍、函館総攻撃を開始
同年 5 月 15 日
弁天台場陥落
同年 5 月 16 日
千代ヶ岡台場陥落
同年 5 月 18 日
榎本武揚降伏

榎本武揚
函館戦争後、その才能を惜しまれ助命され、その後明治政府に出仕した。

土方歳三
函館時代の写真といわれている。一本木関門付近の銃撃戦で戦死した。

（写真は 2 点ともに函館市中央図書館所蔵）

対して独立国を樹立したことを宣言する。

戊辰戦争終結の地

しかし、明治政府は各国に蝦夷共和国を認めないように要請すると共に、翌年の明治2年（1869）4月には北海道の乙部に上陸し、3軍に分かれて函館を目指した。物量に勝る政府軍は榎本軍の拠点を次々と落として、上陸からわずか2、3週間で函館に迫る。そして函館に最後の決戦を挑んだ。同年5月11日に新政府軍は総攻撃をかけ、五稜郭を本拠地にし、一本木関門や弁天台場などに布陣した榎本軍を見下ろす函館山を占拠。翌12日には五稜郭に向けた艦砲射撃が開始され、15日には食糧が尽きた弁天台場が陥落し、五稜郭は孤立してしまう。そして18日にはついに**榎本は降伏し、戊辰《ぼしん》戦争は終結した。**

※松前城　松前藩の城。江戸初期は陣屋だったがロシアの南下が盛んになった 19 世紀に北方警備を目的に改築された。

忍城

石田三成の水攻めに耐えた「浮き城」

小田原城開城まで持ちこたえた浮き城

天正18年（1590）、秀吉が率いる総勢21万人といわれる大軍が北条家の関東諸城に押し寄せた。小田原の役とも北条征伐とも呼ばれる大軍事行動の舞台のひとつに、忍城《おしじょう》と呼ばれる小さな城があった。

攻め手は石田三成を大将とした約2万人ともいわれる大軍である。現在の埼玉県行田市に位置した忍城周辺は、利根川と荒川に挟まれた湿地帯だった。その地形を見た三成は、数年前の秀吉の備中高松城の水攻めを思い浮かべ、自らも忍城を水攻めにすることを決意する。三成は本陣を忍城が一望できる丸墓山古墳《まるはかやまこふん》に置き、利根川と荒川から水を引き込み、**総延長28キロメートルにも及ぶ大堤防をわずか1週間ほどで築いて忍城を孤立**させようとする。

忍城城主の成田長泰《なりたながやす》は小田原城に参陣しており、忍城内には、代々忍城を居城とする成田一族と領民3000人が立て籠っていた。忍城は水を流し込まれたが、三成の意に反して城は持ちこたえてくれた。天は見捨てなかった。それどころか**大雨で堤防が決壊して、三成の水攻めは失敗に終わったのだった。**

その後、本城の小田原城が開城し、忍城も開城することになる。ちなみに「浮き城」の呼ばれるのは「城が沈まなかったのは浮くから」と人々が口にするようになってからのようだ。

本丸跡に三階櫓が再建される

小田原城の開城まで持ちこたえた忍城は、攻めづらい城だったため江戸幕府から重要視され、関東北部の要として存続した。その後は代官を置いたが、一時は天領として親藩や譜代大名の所領となった。松平家や阿部家などが入城し、忍藩として明治時代まで続いた。

しかし、明治の廃城令によって取り壊され、周囲の湖沼も埋め立てられた。昭和63年（1988）には、**本丸跡に三階櫓が再建され、現在、周囲は水城公園として整備されている。**

DATA

築城者：成田氏
築城年：1478年頃
アクセス：秩父鉄道「行田市」駅下車、徒歩20分

長大な堤防を築いたが決壊した三成軍の配置予想図

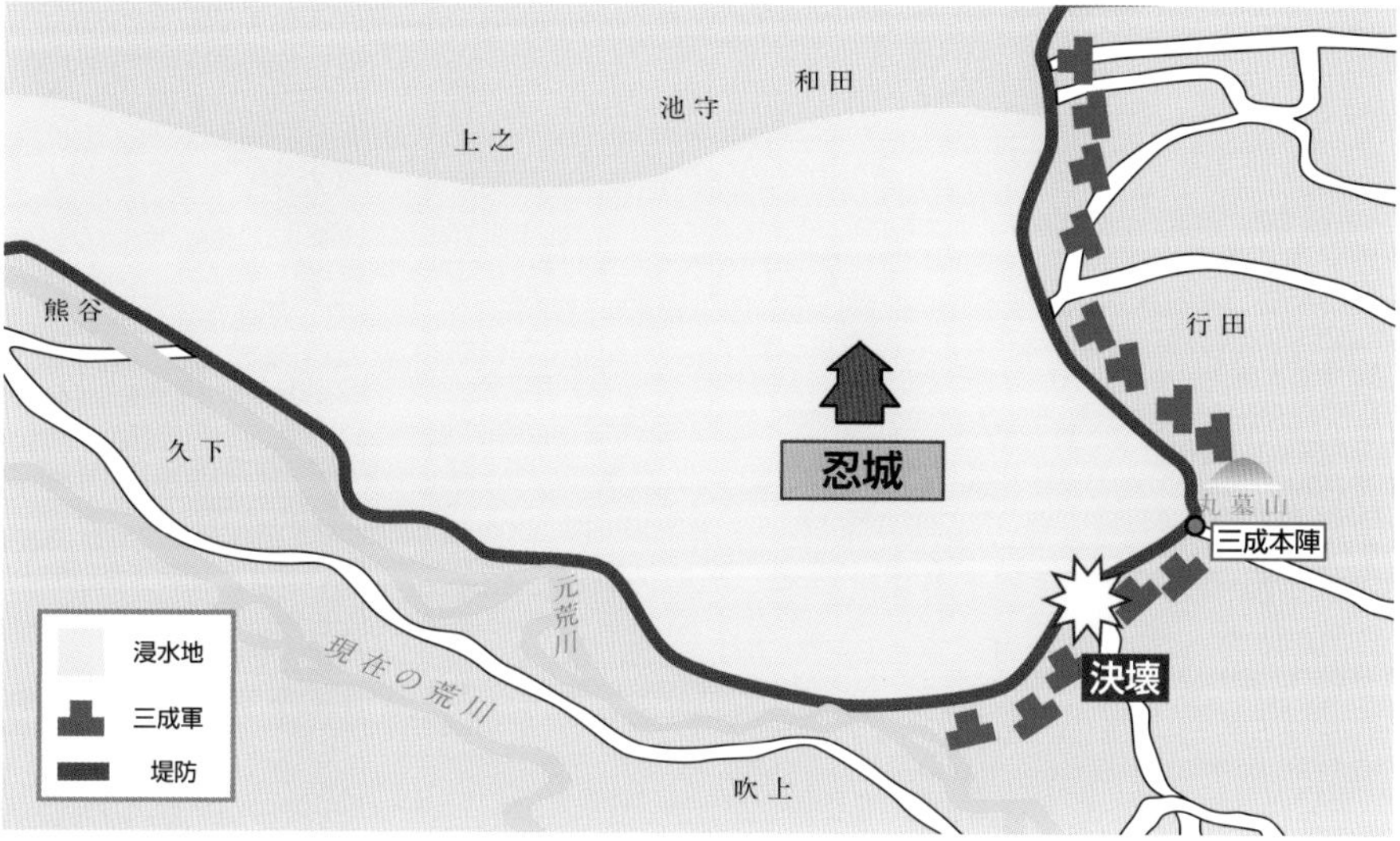

長大な堤防を築いて水攻めにした三成だったが大雨で堤防が決壊し、忍城攻めは失敗に終わった。

現在の忍城

忍城入口と三階櫓
昭和63年に再建された三階櫓。当時の場所とは違う本丸跡に建てられた。また、周辺は水城公園として整備されている。

忍城の年表

- 1478年　成田氏によって築城
- 1574年　上杉謙信に攻められるが持ちこたえる
- 1590年　石田三成によって攻められるが落城せず。徳川家康の関東入封。家康の4男・松平他忠吉が10万石で入城
- 1600年以降　江戸時代には一時天領となる
- 1639年　老中の阿部忠秋が5万石で入城、その後10万石に加増
- 1702年　三階櫓が完成
- 1823年　阿部家が転封すると松平家が入城
- 1988年　明治時代に取り壊された三階櫓が再建される

秀吉の標的にされた城
八王子城

100年間続いた北条家の家系図

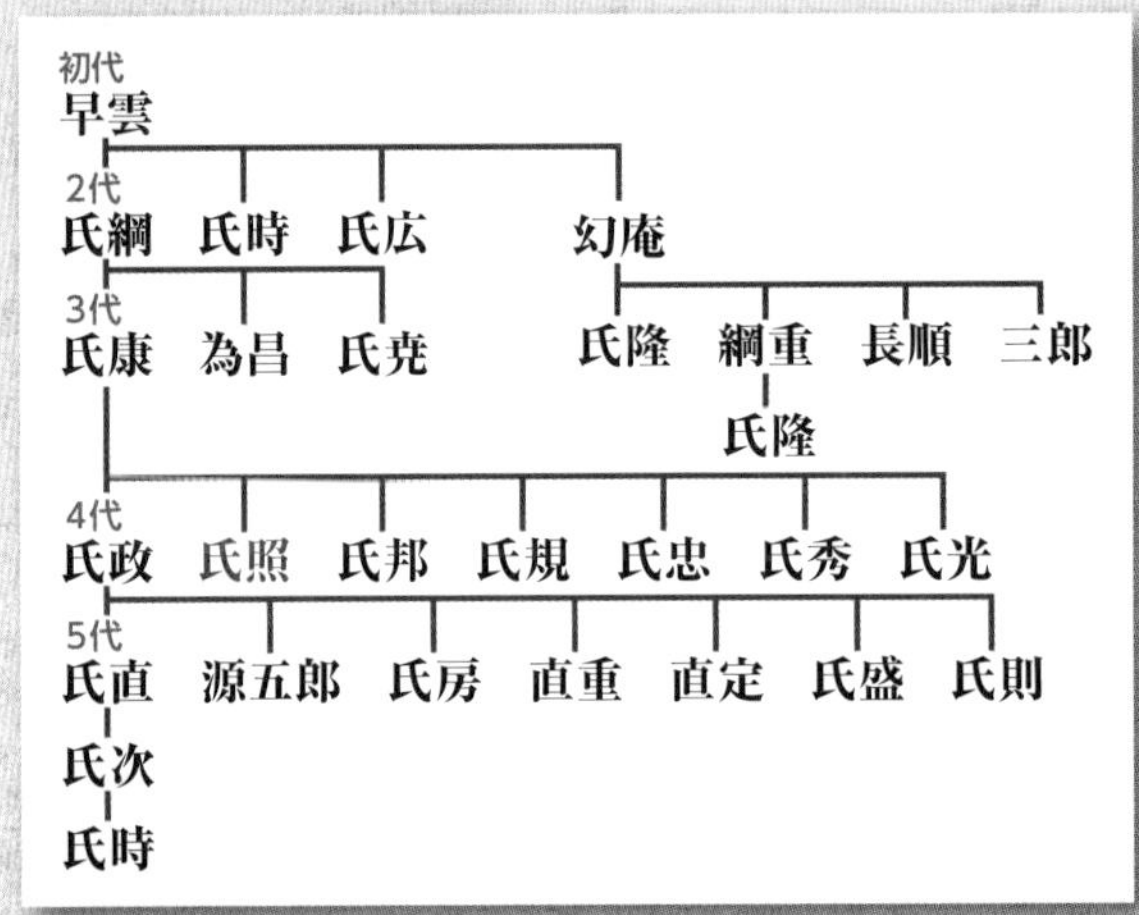

北条5代の家系図。初代早雲が小田原を奪取して約100年続いた北条家は、小田原の役で滅亡した。数字を併記しているのが北条家の当主。

西の敵に備えて築城された山城

豊臣秀吉による北条征伐の舞台は小田原城だけに留まらない。北条家の各支城で戦いが繰り広げられた。なかでも凄惨な戦いとなったのが、八王子城である。

八王子城は北条家の支城の中でも最大規模を誇る山城で、標高460メートルの深沢山に築城された。北浅川と南浅川の間、南北2～3キロメートルの広大な土地に縄張を行い、尾根や谷などの地形を利用した、いくつもの曲輪で構成された堅城として知られた。

八王子城が築城された年ははっきりしないが、元正10年（1582）頃といわれている。**武蔵国の西の防備を固めるために築城されたの**は明らかで、八王子城ができる前にその役割を担っていたのは近くにある滝山城。しかし、小田原攻撃に向かう武田信玄に攻められ落城寸前まで追い込まれた。

この戦いで、北条氏康《うじやす》の三男・北条氏照《うじてる》は滝山城の防御

DATA

指
安
山城

築城者：北条氏照
築城年：1582年頃
アクセス：JR中央本線「高尾」駅北口から西東京バスで約5分「霊園前・八王子城跡入口」下車、徒歩約20分

北条氏の主な城（小田原の役時）

北条家には相模や武蔵を中心に複数の支城があったが、小田原の役の時、その大部分が開城、落城をしている。

現在の八王子城跡

石段
復元された山麓の御主殿に続く石段。約5mある道幅からも八王子城の規模が想像できる。

曳橋　ひきはし
御主殿へ入るためのかつての曳橋をイメージして整備された橋。

性に限界を感じて、石垣で固めた八王子城を築城したといわれている。

大軍に攻められ1日で落城する

西からの敵の侵入を防ぐ役割を担った八王子城は、小田原の役でも重要拠点として秀吉軍の標的にされる。

秀吉は伊豆地方の城を次々と落とし、本城である小田原城包囲網を敷くが、別働隊として前田利家、上杉景勝、真田昌幸など北陸・越後・信濃の大名で構成された大軍に対し、八王子城攻めを命じたのである。

この時、本城の氏照はじめ多くの将兵は小田原城に赴いており、城内に残されていたのは、城代などわずかの兵と婦女。それに領民を加えたわずかな兵が立て籠ったといわれている。

秀吉軍の主力は夜の霧に紛れて、大手門と絡め手の2方向から力攻めを行い、朝には城内へと侵入。

城内では北条勢も必死の抵抗をして激戦が繰り広げられたが、多勢に無勢、1日で落城した。

将兵はもちろん、氏照の正室をはじめ婦女も自刃、あるいは御主殿の滝から次々と身を投げて命を断ったという。多くの人々の血で滝は三日三晩、血で染まったと言い伝えられており、八王子城合戦の凄惨さが想像できる。

北条家が滅亡し、徳川家康が関東に転封したが、この時に八王子城は廃城になった。現在は、御主殿跡や虎口で復元的整備が行われている。

日本屈指の巨城
小田原城

DATA

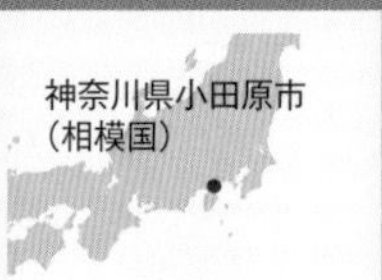

指 室 安 平山城

築城者： 大森氏、北条氏など
築城年： 15世紀中ごろ(後に幾度も改修)
アクセス： JR東海道本線・東海道新幹線・小田急小田原線「小田原」駅下車、徒歩約10分

難攻不落の城だった小田原城

小田原城は**下克上を象徴する北条早雲が小田原を奪取**して以来、100年にもわたり関東の雄として全国に名前をとどろかせていた北条氏の居城である。北条氏は早雲、氏綱、氏康、氏政、氏直と5代にわたって続いたが、小田原城はその間も増築が繰り返され、日本屈指の巨城となった。

名君の誉れ高い氏康の時代には、武田信玄や上杉謙信と幾度となく戦い、小田原城も敵軍に攻め寄られたこともあったが、見事これを退けている。**戦国時代を代表する2人の名将の猛攻にも耐えた**小田原城は、難攻不落の城として知られるようになった。

籠城3ヶ月で戦意を喪失して開城

しかし、新興勢力の信長、秀吉が勢力を拡張するに従い、北条氏は、相対的に力を失っていく。そして九州を平定して西に憂いをなくした秀吉が、関東・東北に目を向けた。天下統一の総仕上げに取り掛かったのである。

ほどなくして北条氏と真田昌幸との領地問題を契機にして、総勢21万人とも呼ばれる大軍勢が小田原に押し寄せた。これに対して、北条方は難攻不落の小田原城を頼りに籠城策を選ぶ。一方の秀吉は、関東各地で北条家の支城を次々に攻め落とし、軍勢の大部分を率いて小田原城を取り囲む。**陸地のみならず海にも軍勢を配して、完全包囲**を試みた。

降伏に持ち込みたい秀吉は、**小田原城を見下ろす石垣山に秘かに城を築かせる**。そして城が完成すると、北条方の目隠しとなっていた前面の木を伐採させて、「**一夜城**」が忽然と現れることになる。これを見た北条方の戦意は喪失。天正18年(1590)7月、北条氏政・氏直親子はついに降伏をする。

北条氏の滅亡後は、徳川家の譜代大名大久保忠世・忠隣によって近世城郭に整備され、明治維新後に解体されたが、現在は一部が再建されている。

小田原の役の兵力比較

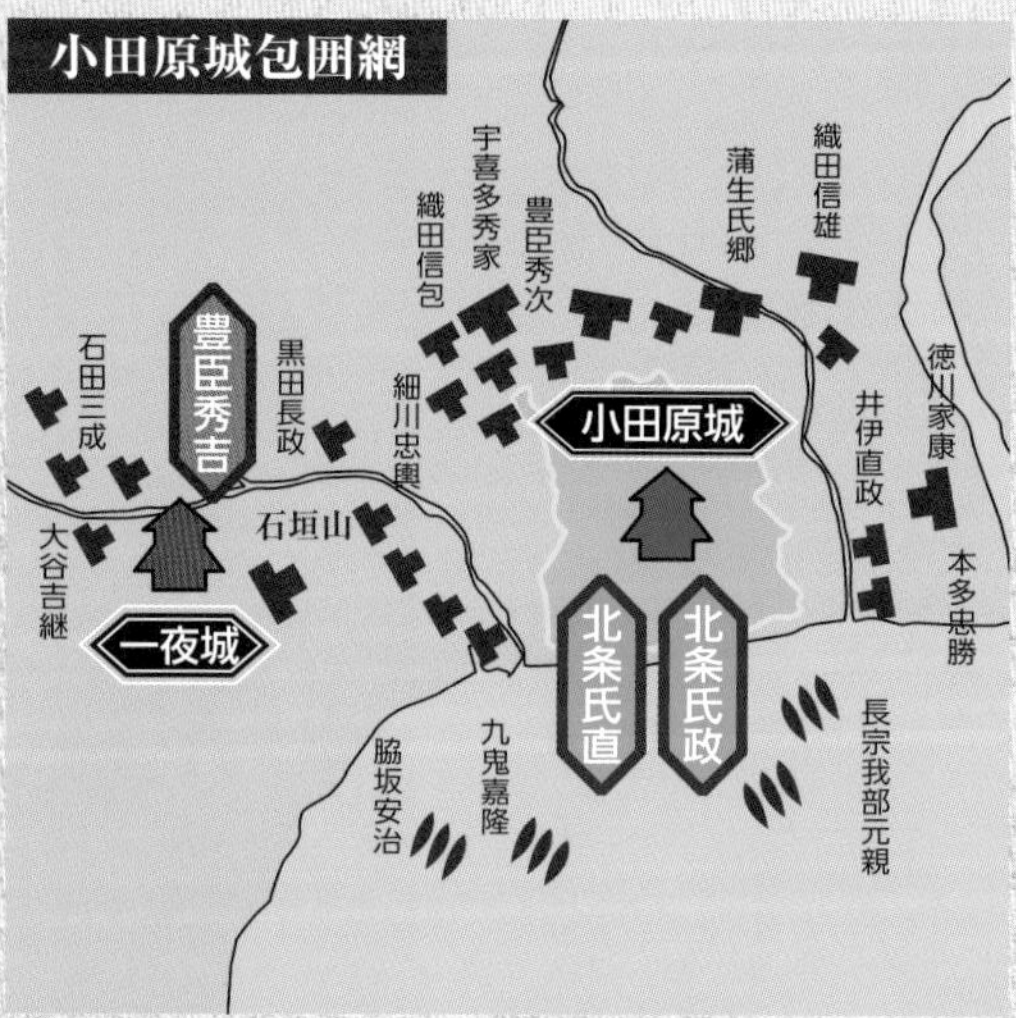

秀吉は総勢21万人ともいわれる軍勢で小田原城を取り囲みながら、北条方武将の投降工作を頻繁に行った。そして一夜城の完成が決め手となって約3ヶ月の籠城戦は幕を閉じた。

豊臣勢…21万人超

主力部隊＝約17万人

豊臣秀吉、豊臣秀次、徳川家康、織田信雄、黒田如水・長政、宇喜多秀家など

水軍＝約1万人

長宗我部元親、九鬼嘉隆、脇坂安治など

北方部隊＝約3万5000人

前田利家、上杉景勝、真田昌幸など

VS

北条勢…5万人超

小田原城籠城部隊＝北条氏政・氏直、北条氏照、太田氏房、成田氏長など

山中城＝松田康長、韮山城＝北条氏規、松井田城＝大道寺政繁、鉢形城＝北条氏邦など

城と町が一体になった「総構え」で知られる城

総構えとは、石垣や堀、土塁で囲んだ城下町も含めた城郭構造のこと。城のみならず、家臣団の屋敷や町をも敵から守るために発達した城郭のひとつの形態だ。その代表的な城と知られるのが小田原城だ。

約9kmにも及ぶ空堀と土塁で町を囲み、戦国時代は最大規模の総構えを誇っていた。この総構えがあるため、北条方は「どんな大軍からも防げる」と考えて、籠城策を選んだといわれている。

再現された小田原城

復元天守

資料を基にして復元した天守。3重4階・層塔型の天守。

銅門

明治5年(1872)に解体されたが平成9年(1997)に再建された。

小谷城

浅井長政の切腹と共に落城した城

小谷城落城までの経緯

姉川の敗戦で劣勢に陥る浅井家

織田信長と浅井長政は、信長の妹・お市の方が長政に嫁いでから同盟関係にあったが、元亀元年（1570）4月に信長が朝倉領に侵攻した際、**長政の突然の裏切り**※でたもとを分つことになる。以来、信長と長政は義理の兄弟でありながら対立状態が続いた。

長政は朝倉や本願寺、武田信玄などと連携をしながら信長包囲網を築いていくが、6月には姉川で、浅井・朝倉軍と織田・徳川軍が激突。**壮絶な戦いのうちに織田・徳川軍が勝利を収める。**

この敗戦によって長政は劣勢に立たされ、次第に追いつめられていく。

周りの砦が落とされ小谷城が落城

そして天正元年（1573）8月10日に**信長は約3万人という軍勢を率いて長政の領地である北近江に攻め込む。**8日山本山城が投降したのを機に、小谷城近くにある織田陣営の最前線・虎《とら》御《ご》前《ぜん》山《やま》の砦に

DATA

指
室
山城

築城者：浅井亮政
築城年：1523年頃
アクセス：JR 北陸本線「河毛」駅下車、徒歩約30分。または湖北町コミュニティバス小谷山線で約20分「小谷城址」下車、本丸まで徒歩約40分

織田信長を包囲するために連携した各勢力

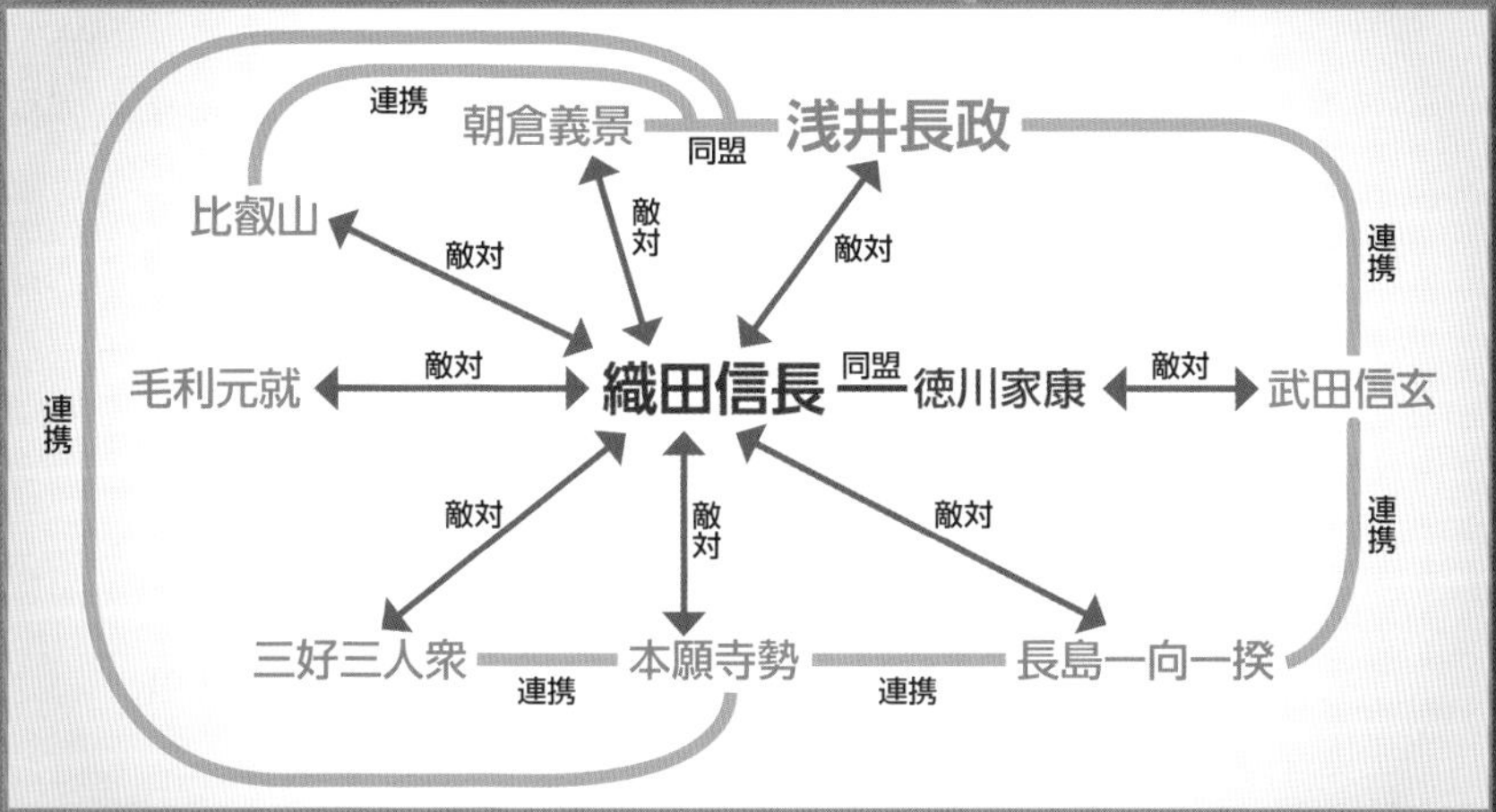

元亀元年(1570)から3年間ほどは、織田家と領地を接する複数の勢力が連携して対抗した。浅井長政もその一員として対立したが、最後は信長によって滅ぼされた。

到着し、周辺の山田山、焼尾、大嶽、丁野山、田部山などの拠点を次々と落としていく。わずか数日に各砦を落とされて小谷城は裸城同然となる。

ここで信長は小谷城攻めをいったん休止。小谷城の援軍としてやってきていた朝倉軍が越前に逃げたのを確認し、追い討ちをかけて居城である一乗谷城まで攻め込み、これを滅ぼす。

信長は朝倉家を討つとすぐに兵を返して、再び虎御前山に帰陣し、小谷城を取り囲む。そして26日には小谷城に総攻撃をかける。翌日には秀吉隊が京極丸に侵入し、28日には**信長自らが本丸を攻略し、長政は自害した。**この時に長政の妻・お市の方は3人の娘と共に救出され、延命している。

浅井領の一部を与えられた秀吉は、琵琶湖から離れた小谷城が廃城となったことから、今浜に長浜城を築城した。以来、小谷城は廃城として現在に至っているが、かつての城郭を偲ばせる遺構が部分的に残されている。

現在の小谷城跡

黒金門 くろがねもん
わずかに石段が残されている黒金門は、「大広間」と呼ばれる曲輪の出入口に当たり、多聞櫓があったといわれている。

※**長政の突然の裏切り** 織田と浅井の同盟には「朝倉への不戦の誓い」があり、これを信長が破ったために長政が裏切った。

秀吉の兵糧攻めで開城した城

鳥取城

鳥取城を包囲し、兵糧攻めにする

戦国時代城攻めの名手と謳われた秀吉は、変化自在な策で多くの城を攻めた。そんな秀吉の城攻めの中でもとりわけ有名なのが、備中高松城の水攻めと鳥取城の兵糧攻めだろう。信長に中国方面の司令官に任命された秀吉は、毛利を相手に戦いを繰り広げ、徐々に毛利家の領地を侵食していった。

そして、毛利の鳥取城に兵を進めたのが、天正9年(1581)だった。秀吉は約3万の軍勢を率いて陣を構えたが、力攻めをしようとはせずに兵糧攻めを選んだ。実は秀吉は前年に別所長治《べっしょながはる》の三木城でも兵糧攻めを行い、成功を収めている。その策をここでも使ったのだ。**秀吉は米を高値で買い占めて、さらに河川や海から毛利への兵糧搬入を阻止する**ために川岸に櫓を立てるなど防備を固め鳥取城に近づけないようにした。この時、城内には20日分の兵糧しかなかったといわれている。

秀吉軍による鳥取城包囲網

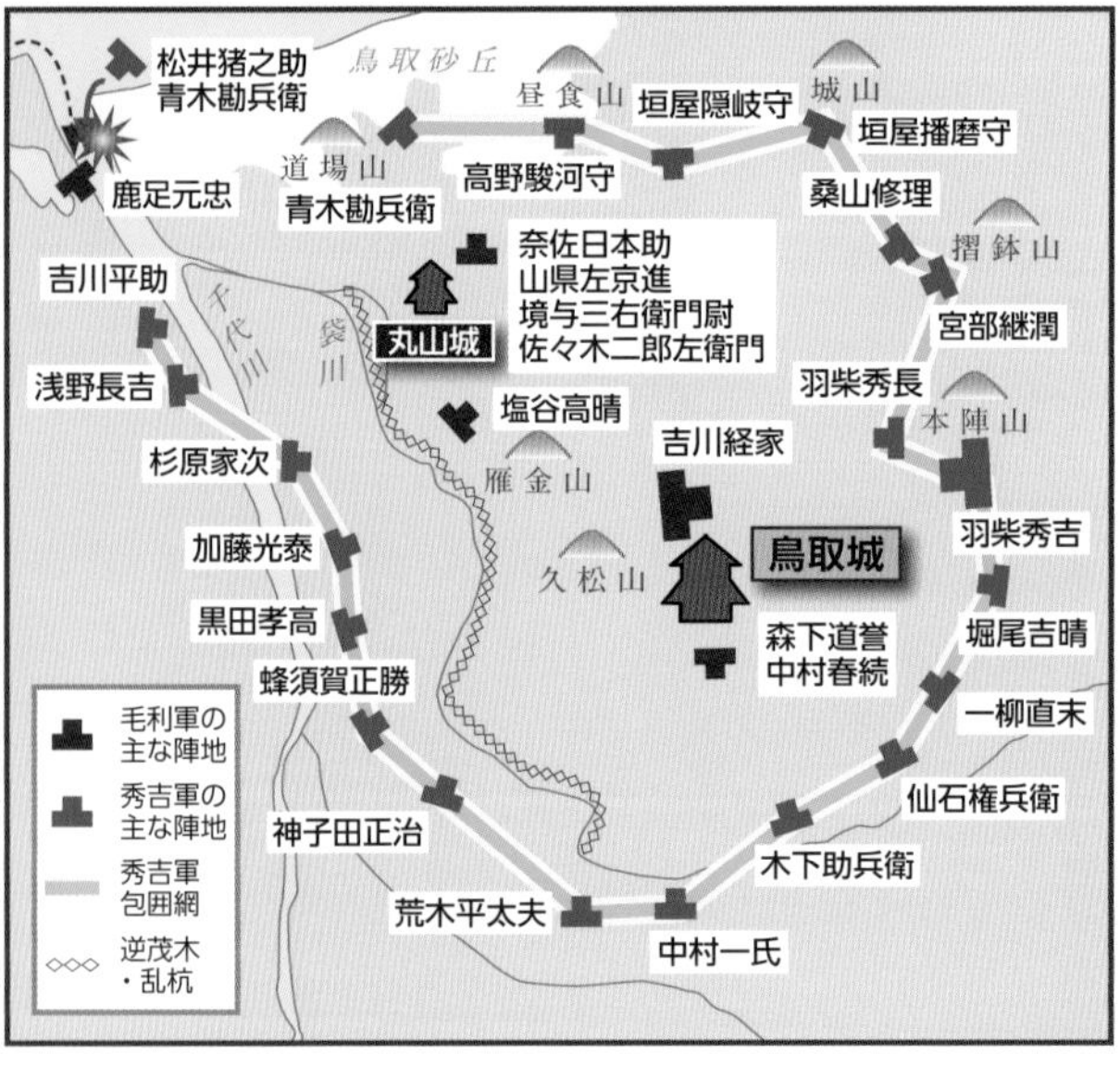

DATA

築城者:山名氏
その他多数

築城年:天文年間、1582年頃、1602年頃

アクセス:JR山陰本線「鳥取」駅から日交バス・日ノ丸バス「砂丘・湖山方面行き」で約5分「西町」下車、徒歩約5分で上り口

6度も落城した城

　実は、鳥取城は戦国時代に6度も落城している。最初の攻防戦は、毛利家に滅ぼされた尼子家の残党である山中幸盛が山名豊国と手を結んで、毛利方の武田高信を攻めて和議の後に豊国が城主になった。

　その後、毛利の吉川元春に攻められ、豊国が降伏。また、兵糧攻めの前年には秀吉がいったんは手に入れるなど、山名家、毛利家、織田家の間で争奪戦が繰り広げられていたのだ。

　ただし、どれも和議や降伏ばかりで一度も力攻めでの落城はない。それだけ鳥取城が堅城だったという証といえよう。

凄惨な戦いがあった鳥取城跡

鳥取城跡
内堀越しに望む鳥取城。何度も増改築が繰り返されている鳥取城には、現在、建造物はないが、石垣などが残されている。

城主らの切腹と引き換えに開城

　鳥取城の城主は吉川経家《きっかわつねいえ》。籠城兵は領民を合わせて約4000人に上り、兵糧は見る見る減っていった。城の外では秀吉が陣中に町屋を立てたり、市を開かせて兵を楽しませている。城の外と内ではまさに天国と地獄の有様だった。

　3ヶ月が過ぎるとついに兵糧は尽きて、城兵たちは木の葉や草、牛馬を殺して食べるようになる。柵を越えて逃げ出そうとする者も現れ、それを鉄砲で背後から撃つ光景が日常化していく。**信長公記**※では、そんな城内の様子が次のように伝えられている。

　「餓鬼のごとく痩せ衰えたる男女、柵際へより、もだえこがれ、引き出し助け給へと叫び、叫喚の悲しみ、哀れなるありさま、目もあてられず」と凄惨を極めるその状況に耐えられなくなった吉川経家は、自分と森下出羽入道、中村対馬守の**切腹を条件に、城兵の命を助けてくれるよう秀吉に申し出てる**。秀吉は信長の了解を経てこれを承諾し、3人の自害の後にようやく開城となった。籠城から約4ヶ月が過ぎていた。

　織田方に落ちた鳥取城は、秀吉の与力となっていた宮部継潤が城代になったが、江戸時代に入ると、池田氏が領主となり明治まで続いた。明治の廃城令によって陸軍省に払い下げになり、建物の大部分は破却されたため、現在は天守台や石垣が残されているのみである。

※信長公記　織田信長の一代記で、著者は太田牛一。信長の時代を知るには不可欠な史料。

プラスワン

月山富田城の戦い（尼子家VS毛利家）

毛利元就が攻めあぐねた堅城 月山富田城

３度も兵糧攻めにあった城

月山富田城《がっさんとだ》は戦国時代に流浪の身から出雲を手中にした尼子経久《あまこつねひさ》の居城である。経久はここを居城に、近隣諸国の大名や豪族を攻めて山陰・山陽に一大勢力を築いた。しかし、経久の亡き後、尼子氏は新興勢力の毛利氏の台頭により、激戦を繰り返す。毛利元就は、尼子氏についていた豪族を調略で切り崩し、徐々に月山富田城の周りの城を勢力化に組み込んでいった。

そして永禄９年（１５６６）に、**元就は３万５０００人の大軍を率いて月山富田城を包囲した**。実は毛利氏による月山富田城攻めはこれが３度目だった。

最初の月山富田城攻めは天文11年（１５４２）。大内・毛利の連合軍が包囲したが、尼子氏の糧道狙ったゲリラ戦で兵站《へいたん》確保に失敗、さらに味方の寝返りに遭い撤退。２度目は永禄８年（１５６５）に、城を包囲して輸送路を断ち兵糧攻めを行うがこれも失敗。そして同じ年に３度目の

毛利家の月山富田城包囲網

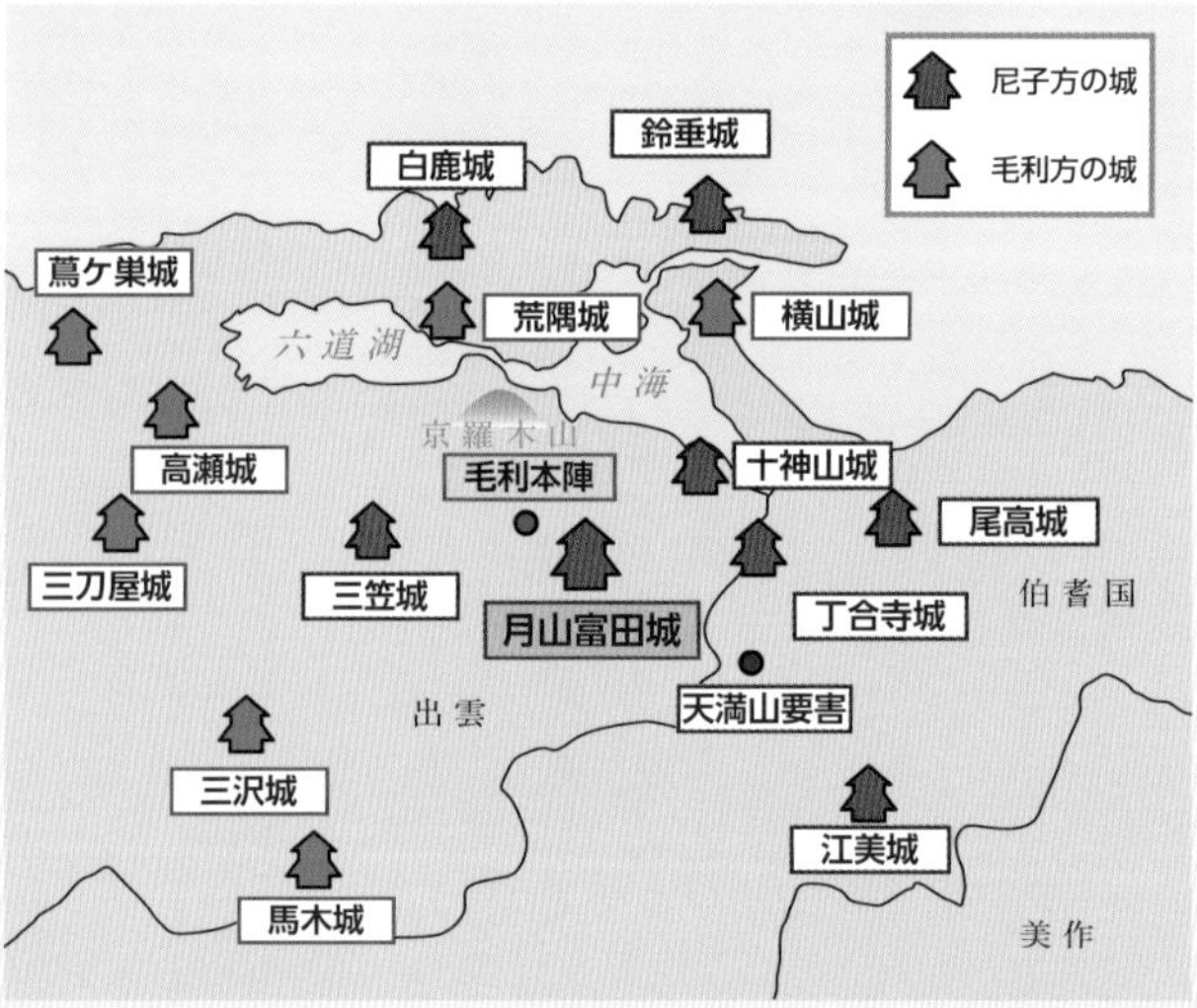

毛利元就は、尼子家の本城・月山富田城を守る支城の城主を調略によって次々と寝返らせ、包囲網を作り上げていった。

DATA

築城者：尼子氏、毛利氏、吉川氏、堀尾氏

築城年：不明

アクセス：JR山陰本線「安来」駅から、イエローバス「広瀬バスターミナル行き」で約30分「市立病院前」下車、徒歩約10分

尼子家復興に奔走した山中幸盛

月山富田城の戦いで尼子家は一時滅亡するが、主家復興ために尽力した遺臣がいる。一般的には山中鹿之助の呼称で知られる山中幸盛《やまなかゆきもり》である。彼は義久が幽閉されると尼子一族の勝久を当主に据えて、但馬の山名家の支援や尼子家遺臣を集めて毛利家に反旗を翻した。一時はほぼ出雲一国を手中に収めるが、毛利家の反撃にあって出雲を脱出する。

その後も幸盛は信長を頼って毛利氏と幾度となく戦う。最後は織田家の中国方面司令官の秀吉の元で先鋒を務めるが、上月城の戦いで敗れ、毛利輝元に護送される途中に謀殺された。この忠義心あふれる幸盛の生き方は、戦前の教科書にも紹介されていた。

現在の月山富田城

山中御殿平
月山の中腹に位置していた山中御殿のあった曲輪跡。広大な曲輪だったことがわかる。

山中御殿中央
山中御殿の中心部分。ここに御殿が所在していた。周りは石垣で囲まれている。

(安来市教育委員会提供)

月山富田城攻めを敢行する。戦法は前回と同じ兵糧攻めだった。

元就は同じ轍を踏まないように、持久戦を覚悟して万全の包囲網を築く。城内には多くの兵士が立て籠っていたが、城内の兵糧を早く消費するために、当初は兵士の降伏を一切認めなかった。そして兵糧の底が尽き始めた頃に降伏を認めると、敵は集団で投降するようになった。こうして1年以上も包囲した結果、ようやく尼子軍は降伏した。当主の尼子義久《よしひさ》は安芸国に幽閉され、尼子家は事実上滅亡することになる。

平安からの出雲の政庁

ここに城が築かれた年代は定かではないが、平安時代の保元・平治の頃に平景清が築城したという伝承がある。

その後、歴代の出雲国守護職の居城になる。鎌倉から戦国時代までの数百年の間、出雲の政庁として利用された月山富田城だったが、江戸時代に廃城になる。関ヶ原の戦い後に出雲に入城した堀尾吉晴《ほりおよしはる》は、政庁としては不便だった月山富田城を捨てて、宍道湖湖畔に松江城に築城したためだ。

それから400年以上が経った**月山富田城には、石垣や曲輪などの遺構が今日でも残されている**。その様子からも当時の月山富田城の堅牢さを推し量ることができる。また、発掘調査で見つかった花ノ壇には建物も復元整備され、中世城郭の面影が偲ばれる。

第2章 有名武将と縁が深い城

この章では、誰もが知る有名な大名や武将と城の関係にスポットを当てます。有名武将がどの城とどんな関係があったのかを歴史的な視点から明らかにします。

広島城

名古屋城

江戸城

掛川城

熊本城

名人・清正が精魂を込めて築城した城

往時の外観を再現した熊本城天守

熊本城天守
望楼型の再建天守。鉄筋コンクリート製だが、外観の美しさは往時そのままだ。（熊本城総合事務所提供）2016年の大地震で甚大な被害を出したものの、復興作業は着実に進み、美しい姿を取り戻しつつある。

加藤清正が関ヶ原後に築城

漆黒の板壁に美しい曲線を描く石垣。この名城を築城したのは猛将として名高い加藤清正である。清正は尾張に生まれ、幼い頃から秀吉に可愛がられ、福島正則らと共に戦国武将へと成長していった。清正というと、朝鮮の役での虎退治など勇ましいエピソードばかりが注目されるが、実は城づくりの名人でもあった。これは旧織田家の武将に共通する得意技ともいえる。当主の信長が岐阜城や安土城を築城し、城づくりの専門集団を抱えていたことと無縁ではないだろう。

清正が肥後の北半国19万5000石の大名に取り立てられたのは、天正16年（1588）のこと。前領主だった佐々《ささ》成政《なりまさ》が国人衆の一揆の責任を取り自害。成政の旧領地の北半分を与えられたのだった。清正は成政の城に入らず1キロメートル離れた土地を選んで新城を築き始めた。これが現在の熊本城のある位置だ。しかし、間もなく小

DATA

築城者：加藤清正
築城年：1601年
アクセス：JR鹿児島本線「熊本」駅から、熊本市電で約10分「熊本城・市役所前」下車、徒歩約17分

猛将・加藤清正の主な出来事と肖像画

- 1562年　加藤清忠の子どもとして生まれる。清正の母は秀吉の母と従兄弟だったといわれている
- 1573年　秀吉が近江長浜城の城主になり、小姓として仕える
- 1576年　170石を与えられる
- 1582年　山崎の合戦に参加　賤ヶ岳の戦いで敵将を討ち取り、「賤ヶ岳の七本槍」の1人に挙げられ3000石の所領が与えられた
- 1585年　秀吉の関白就任と同時に従五位下・主計頭に叙任される
- 1586年　肥後北半国19万5000石を与えられる
- 1592年　文禄・慶長の役で朝鮮に出兵
- 1597年　蔚山城の戦いでは500人で、5万7000人の明・朝鮮軍を破る
- 1600年　関ヶ原の戦いでは東軍に属して、九州で黒田如水と共に西軍勢力を次々と破る。その功績で54万石に加増される
- 1605年　従五位上・侍従兼肥後守に叙任される
- 1610年　名古屋城普請に協力
- 1611年　二条城で家康と秀頼の会見を取り持つが、領国へ帰国途中の船上で発病し、熊本で死去

加藤清正の肖像画
「虎退治の清正」で有名な清正だが築城の名人でもあり、新田開拓や南蛮貿易を積極的に行い、領地経営でも手腕を発揮して領民からも慕われていた。（本妙寺所蔵　熊本県立美術館撮影（加藤清正像））

田原攻めや朝鮮出兵などにより、工事は度々の中断を余儀なくされる。

本格的な工事が始まったのは関ヶ原の戦い後だった。

関ヶ原の戦いの論功行賞で**肥後一国54万石に加増され、太守にふさわしい城を築き始め、7年後の慶長12年（1607）に完成**。ちなみに、この時に地名も「隈本」から「熊本」に改めた。

秀頼を迎えるために築城した城なのか？

54万石の太守とはいえ、巨大で難攻不落といわれる要塞を造った清正の真意について

美しい石垣の秘密とは？

「扇の勾配」で有名な熊本城の石垣だが、この美しく防御性の高い石垣造りに力を発揮したのが近江の穴太衆といわれている。穴太衆は石垣づくりの専門集団だが、加藤清正は多くの優秀な穴太衆を召し抱えていた。

さらに清正は朝鮮の役で、大陸の築城や石組みを実見し、さらに築城を試したといわれており、そんな研究熱心な姿勢が築城技術向上につながったのだろう。

石垣など見所が多い現在の熊本城

昭君之間 しょうくんのま

秀頼を迎える時、謁見する広間を想定して造られたという「昭君之間」。隠語では「将軍の間」という意味を持つらしい。

二様の石垣

美しい曲線を描く二つの石垣だが、実は右側の石垣は清正時代の古い積み方で、隅に同じ大きさの石を積み上げる「穴太積」と呼ばれるもの。左側は長方形の石を左右交互に組んだ「算木積」と呼ばれる細川時代の石垣だ。

は、今でもいろいろな憶測が飛び交っている。徳川と秀吉の忘れ形見の秀頼がいざ事を構えた時は、熊本城に秀頼を迎え入れて一戦を交えるつもりだった。その証が大天守の脇に増築された小天守で、ここに秀頼を迎え入れるつもりだったのではないか、という説がある。

同様に本丸御殿には「昭君《しょうくん》之間《のま》」と呼ばれる格式の高い大広間があり、ここもその名と造りの荘厳さから秀頼のための広間だという説がある。こうした諸説があるのも、豊臣家に対する忠誠心と豊臣恩顧の大名の中でも1、2を争う実力を、清正が備えていたという証と考えられるだろう。

しかし、7年もの歳月をかけて熊本城を築城した清正だったが、慶長16年（1611）に49歳で病死する。清正の病死から4年後に大阪冬の陣・夏の陣が起こったことを考えると、家康も清正存命のうちは秀頼に手を出せなかったかもしれない。

清正亡き後、肥後藩を継いだ息子の忠広は改易の憂き目に遭う。その後、加藤家は断絶してしまったが、これも幕府の陰謀という説が根強い。

明治維新後は陸軍の重要拠点に

加藤家が改易となった後、熊本城は細川家の居城となる。細川家は明治まで続くが、その間、修理は幾度となく行われたが増築はほとんどされていない。それだけ清正が築城した熊本城は完成度が高かったということだろう。

明治に入り廃藩置県が行われると、**熊本城の二の丸には県庁が置かれ、同じ年に鎮西鎮台《ちんぜいちんだい》も置かれる。**鎮台とは陸軍最大の部隊単位であり、熊本城には陸軍の重要拠点となった。

城内には様々な施設が建てられたが、それも天守と御殿のある本丸のみ。江戸時代のまま残されたのは、明治10年（1877）の西南の役の際に焼失してしまう。

見所は現存する櫓と美しい石垣

現在の熊本城の天守は、往時の形を忠実に守り、昭和35年（1960）に再建された。

江戸時代の面影を残しているのは、宇土櫓をはじめとした12棟の櫓。とりわけ宇土櫓は圧巻で、20メートルの高石垣の上に3層5階地下1階の天守並みの規模を誇る。これと同じような5階櫓が明治初期までは5棟もあり、それだけでも熊本城の鉄壁の防御性と規模が推し量れる。

櫓群と共に熊本城の見所として有名なのが、ほぼ完全な形で残されている石垣だろう。この「清正流石垣」と呼ばれる美しい曲線を描いた石垣は、自然の地形を生かした高度な築城技術が使われている。

石垣の下部はゆるやかなカーブだが、上にいくほどに垂直になる扇の勾配は、美しさだけでなく敵がよじ登れないように工夫したもので、防御性も極めて高い。そんな石垣の上に立つ櫓や天守の荘厳な姿は、まさに名城の名にふさわしい。

宇土櫓 うとやぐら
美しい勾配の石垣の上に立つ宇土櫓。現存する櫓では最大級で、小さな城の天守と規模は変わらない。

（写真は全て熊本城総合事務所提供）

西南の役の舞台になった熊本城

明治時代に入って熊本城に鎮西鎮台（後に熊本鎮台に改称）が置かれたことで、西南の役の舞台ともなった。政府軍に反旗を翻した薩摩軍は明治陸軍の重要拠点である熊本鎮台を襲撃する。ここで約50日にも及ぶ銃撃戦が繰り広げられた。籠城する政府軍は約4000人、城を攻める薩摩軍は約1万4000人だった。

城を攻めるには10倍の兵力が必要といわれているが、薩摩軍は約3倍。いかに剽悍な薩摩軍も熊本城を攻めきれずに撤退する。実はこの戦いの前に熊本城の天守と小天守は焼失している。その原因は今も不明のままだ。

第2章
太田道灌
徳川家康

江戸城

家康が大改修した将軍の居城

太田道灌が築城した江戸城

徳川家康が関東240万石余りを領したのは、小田原の役のすぐ後のことだった。家康の関東入封と同時に江戸城の入城も決まった。

しかし、当時の江戸城は240万石の大守の居城にしては規模も小さく、質素な中世城郭だった。元々、**江戸城は関東管領の一族である扇谷上杉家の家臣だった太田道灌《どうかん》が築城した城**である。太田道灌は、兵法に通じ、智謀に長けた武将として室町時代に活躍したが、房総の千葉氏を抑えるために江戸城を築城したといわれている。

また、品川沖を航行していた時に、道灌の舟に九城《このしろ》という縁起のいい魚が躍り入ったのを吉兆と喜び、江戸城を築くことを思い立ったという逸話もある。

関ヶ原の戦い後に本格的な大改修を行う

江戸城に入城した家康だったが、すぐに現在のような大城郭に改修したわけではない。

まず、西の丸の築城を始め、翌年に完成。しかし、それ以外の**本格的な拡張工事は関ヶ原の戦い後**のことだ。慶長8年（1603）の江戸幕府開府の年に増築工事を行い、さらに慶長12年（1607）には、天守台や石垣の修築を行った。

これらの築城工事は天下普請を命じて、全国各地の諸大名が狩り出された。2代将軍秀忠と3代家光の時代も増築や改築が引き続き行われ、寛永14年（1637）の頃には、総構えである外濠も整備され、**現在の千代田区と中央区の全域、港区の一部を加えた世界的にもあまり類を見ない巨大城郭が完成**した。

家康から家光まで三つの天守を築いた城

もちろん、全国の大名を束ねる将軍の威光を広く知らしめるシンボルとして天守もあげられた。しかし、天守は慶長12年に完成するが、その姿や場所を示す資料が現在は残されていない。そして2代将軍秀忠の代に本丸を改修した際に天守も改築し、さらに家

DATA

東京都千代田区
（武蔵国）

特 指 重
室 江 平城

築城者：太田道灌、徳川家康・秀忠・家光
築城年：1457年、1603年など
アクセス：JR「東京」駅・地下鉄千代田線「大手町」駅下車、徒歩約５分

江戸城にも活かされた加藤家秘伝の石垣づくり

石垣づくりの名人で知られる加藤清正も江戸城の天下普請に名を連ねる。そんな彼の名人ぶりを伝える逸話が残っている。地盤の悪い日比谷付近の石垣を各大名が競って築いていた時のことだ。他の大名の家臣は早く仕上げるために石を積み上げていくのだが、加藤家の奉行は萱や葦を刈り取り、束にして地面に敷き詰めた。そこに土と小石をばら撒き、近所の子どもを呼んで遊ばせた。それを見た他の大名家臣は「奇妙なことをする」と訝かったという。案の定、加藤家の石垣は最後になった。

ところが加藤家の石垣はビクともしなかったが、台風が来て大雨が降ると、加藤家の隣の浅野家では完成したばかりの石垣が崩落して多くの圧死者が出てしまった。他大名家臣から見たら奇妙な行動は、実は軟弱な地盤を見越して地固めを行っていたのだった。

徳川家康像

徳川家康
松平というといまや名門の香りがするが、元々は三河の小大名、大大名の人質から、征夷大将軍へと登りつめた大出世の人だ。（大阪城天守閣所蔵）

家康から家光まで3代かけて完成した江戸城の総構え

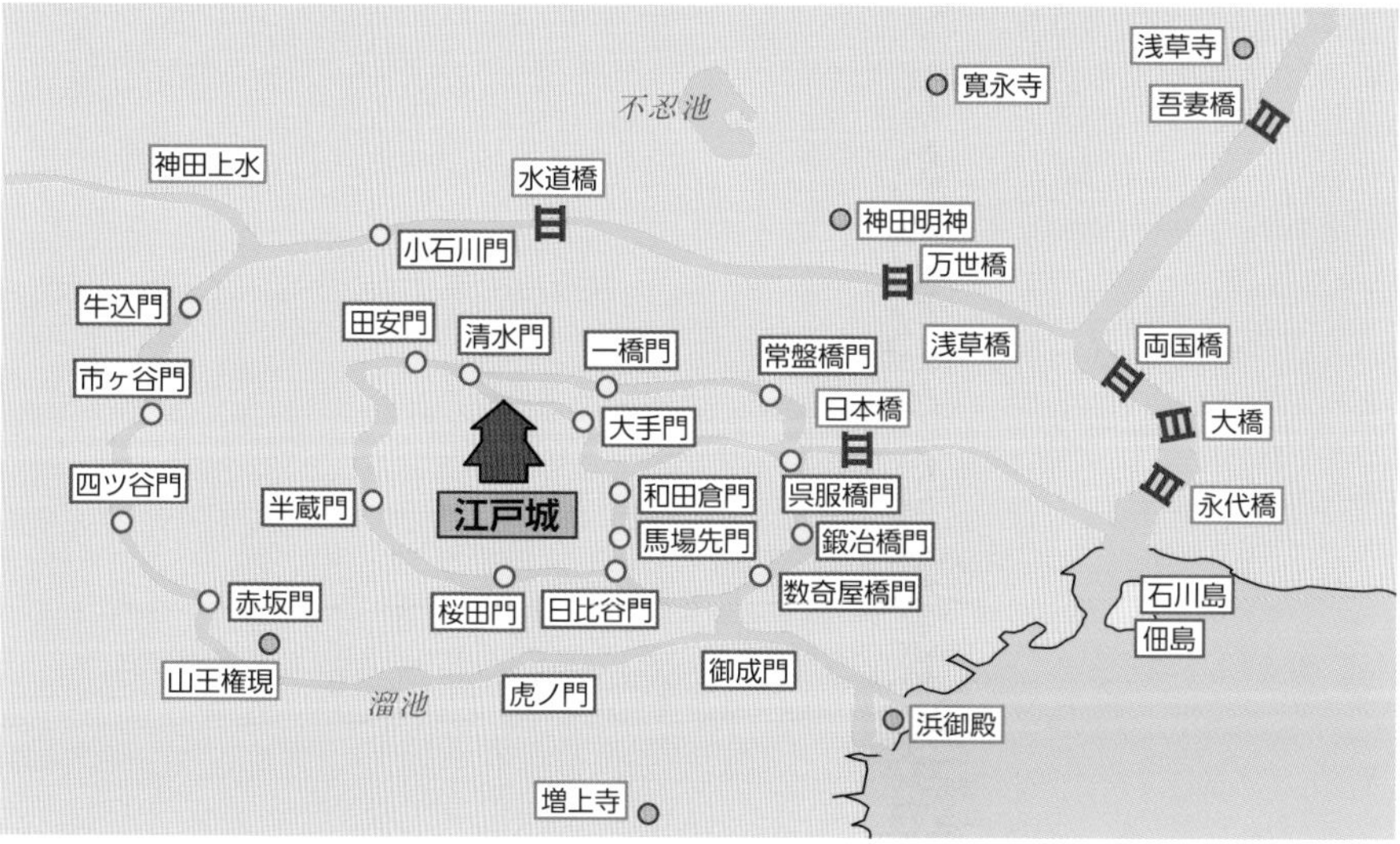

寛永期に完成した江戸城の総構え。家康から家光まで３代かけた城郭づくりだった。

光の時代にも天守を改築している。**つまり、江戸城は、初代の家康から3代にわたって異なる天守を頂いていたことになる。**これらの天守は元号から、それぞれ「慶長度天守」「元和度天守」「寛永度天守」と呼ばれている。

確かな資料が残されているのは、家光の天守のみだ。その高さは石垣から44・8メートルあったと推定され、これは豊臣家の大阪城よりも高く、日本城郭最大の天守だったことが判明している。しかし、**明暦3年（1657）の明暦の大火によって天守をはじめ、本丸、二の丸、三の丸の御殿や櫓を焼失**してしまう。

大火後に天守の再建も計画されたが、会津藩主で幕閣の重鎮だった保科正之の「城の守りに天守は必要なく、天守再建よりも江戸の町の復興を優先するべき」という意見から、計画は見送りになった。以来、200年江戸城に天守があがることはなく、明治の世を迎えた。

火事に悩まされ再建し続けた城

江戸城は幾度となく火事の被害を受けている。**何度も御殿や櫓、門が焼失したが、その度に再建された。**江戸城最大の危機かに思われた戊辰戦争も勝海舟と西郷隆盛の談判により、無血開城となり無傷で明治を迎えた。その後、江戸城は東京城、皇城、宮城と名前を変え、戦後、皇居と呼ばれるようになった。

現在の江戸城は富士見櫓、辰巳櫓などの櫓を見ることができるが、これらは関東大震災で損傷したものを解体して復元した建築物である。また、江戸城の正門に当たる三の丸大手門は第二次世界大戦で焼失し、昭和42年（1967）に復元された。

三の丸、二の丸を抜けて本丸に上ると、かつて天守があった御影石と伊豆石を使用した巨大な天守台石垣が姿を残している。

さらに城内には、幕末時代に建てられた同心長屋や百人長屋と呼ばれる番所も現存。とくに百人番所は長さが50メートルにも及ぶ長大なもので与力20騎、同心100人がここに詰めていたという。

往時の江戸幕府の権勢を示す建築物はそう多くはないが、本丸からかつて外濠があった東京の街を眺めていると、江戸城の巨大さが想像できる。

天守比較

	高さ
江戸城	約44.8m ※寛永度天守の高さ
大阪城	約30m ※豊臣家の天守の高さ
姫路城	約31.5m
広島城	約26m ※慶長3年頃の天守の高さ
彦根城	約15.5m

名城と称される城の天守の高さを比較したもの。その中でも江戸城の天守が飛び抜けて高いのがわかる。

現在の江戸城

辰巳櫓
桜田二重櫓とも呼ばれる大手門の南側にある櫓。関東大震災で損傷したものを解体して復元した。

大手門
三の丸にある江戸城の正門。第二次世界大戦で焼失したのを復元した。

桔梗門
辰巳櫓の左手にある門。

平河門
高麗門と櫓門を組み合わせた桝形門である。江戸時代は大奥に近かったことから大奥女中の通用門として利用されていた。

天守台石垣
白っぽい小豆島御影石と黒っぽい伊豆石を使用した本丸にある天守台石垣。

百人番所
25人の同心たちが4交代制で詰めていたといわれる巨大な番所。幕末の頃の建物だ。

歴代の江戸城城主及び将軍

※数字は将軍の代を示す

太田道灌
※上杉家、北条家が支配

❶徳川家康 ─ ❷秀忠 ─ ❸家光 ─ ❹家綱 ─ ❺綱吉 ─ ❻家宣 ─ ❼家継
- 義直（尾張藩祖）
- 頼宣（紀伊藩祖）
- 頼房（水戸藩祖）

❽吉宗 ─ ❾家重 ─ ❿家治 ─ ⓫家斉 ─ ⓬家慶 ─ ⓭家定 ─ ⓮家茂 ─ ⓯慶喜
- 宗武（田安家祖）
- 宗伊（一橋家祖）
- 重好（清水家祖）

仙台城

政宗が築いた仙台藩の居城

天下に野望を抱いた政宗

奥州の雄藩・仙台藩62万石の居城である仙台城は慶長5年（1600）に築城された。築城者は藩祖の伊達政宗である。政宗は藤原氏につながる奥州の名門伊達家に生まれた。18歳で家督を継いだ政宗は、近隣の大名を滅ぼし、勢力を拡大していく。

その頃の伊達家の本拠地は現在の山形県米沢にあり、福島県の二本松や郡山など中通りを制圧し、会津の葦名家も滅ぼす。政宗は150万石近い領地を所有し、天下への野望を抱いていた。しかし、時はすでに遅く、天下はほぼ秀吉の手に納まりつつあり、ついに奥州仕置によって天下は統一される。政宗は会津などを没収された上に、翌年には葛西・大崎一揆の責任を取らされて58万石まで減封された。しかも米沢城から岩出山城に転封されてしまう。

政宗が仙台を本拠とするのは、さらに時代が下った**関ヶ原の戦い後のこと**だ。関ヶ原の戦いで東軍についた政宗

現在の仙台城

仙台城跡
上空から見た仙台城跡。

伊達政宗像
本丸跡に建てられた伊達政宗の銅像。

仙台城跡の石垣
仙台城跡には数多く、江戸時代の石垣が見られる。

大手門隅櫓
昭和42年に再建された鉄筋コンクリート製大手門隅櫓。

DATA

指

江

平山城

築城者：伊達政宗
築城年：1600年
アクセス：西口バスプール16番乗り場より、仙台市バス「るーぷる仙台」で約20分
※仙台駅からでているのは現在このバスのみ。地下鉄東西線「青葉山駅」バス乗り場より地下鉄東西線「八木山動物公園駅」バスプール3番乗り場「青葉台行き」で約3分。「仙台城跡南」下車

政宗の所領地石高の変遷

1589年
約150万石
葦名氏を滅ぼし東北一の領地を獲得

1590年
72万石
奥州仕置で会津領などを没収

1591年
58万石
葛西・大崎一揆の扇動者と疑われて減封

1600年
62万石
関ヶ原の戦いの功で2万石加増、後にさらに飛び地2万石を加増

江戸時代の仙台藩は北上川流域の湿地帯を新田開発し、18世紀には実質100万石を有していたという。

政宗の居城の変遷

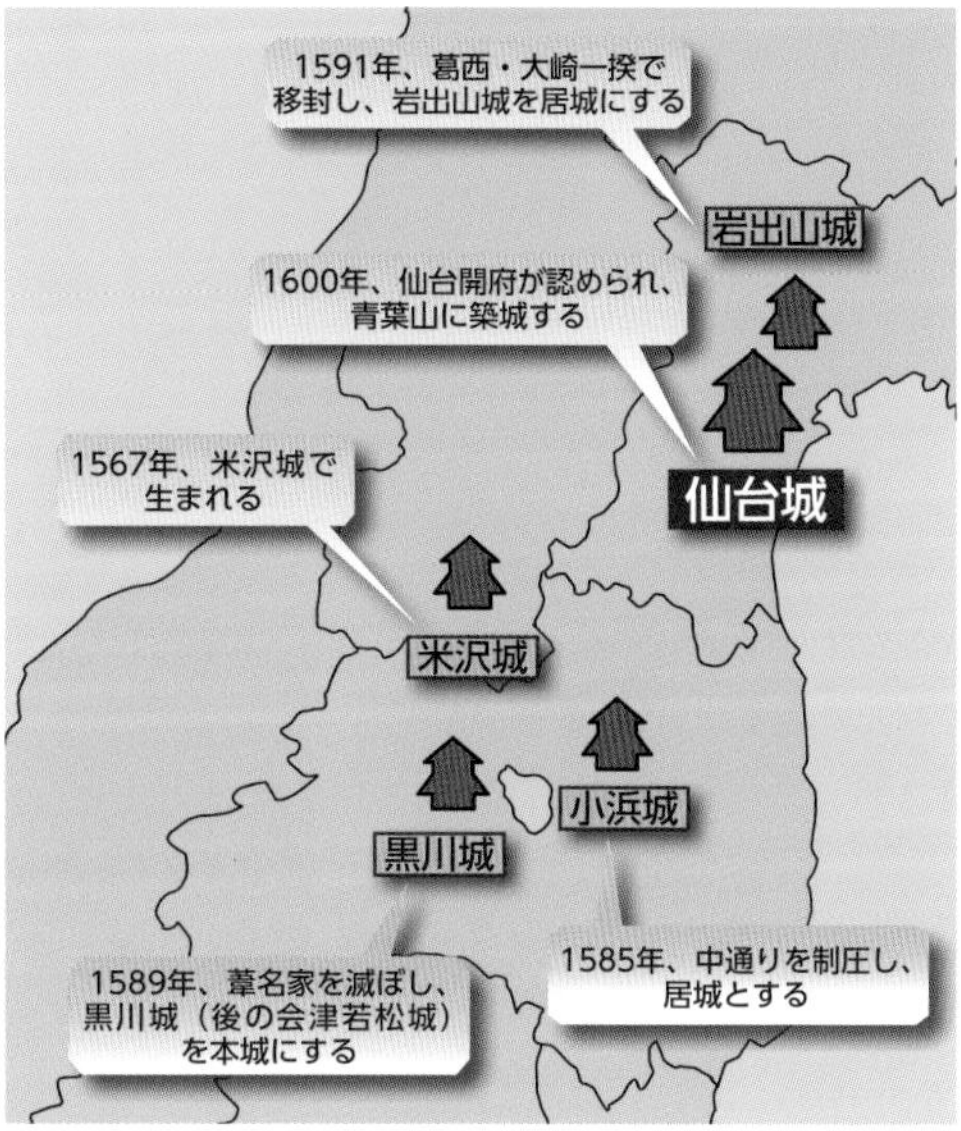

1591年、葛西・大崎一揆で移封し、岩出山城を居城にする
岩出山城
1600年、仙台開府が認められ、青葉山に築城する
仙台城
1567年、米沢城で生まれる
米沢城
小浜城
黒川城
1585年、中通りを制圧し、居城とする
1589年、葦名家を滅ぼし、黒川城（後の会津若松城）を本城にする

は、家康と100万石の約束を取り交わしていた。しかし、それを反故にされ、わずか2万石の加増（後に2万石加増）と仙台開府の許可しか得られなかったという。

天険の地・青葉山に仙台城を築城

仙台開府を決めた政宗は青葉山に築城を開始する。青葉山は東に広瀬川を臨む高さ65メートルの絶壁、南は龍ノ口と呼ばれる深さ50メートルの峡谷がある天然の要害の地だった。政宗はわずか2年で仙台城を完成させる。規模の割には工期が短かったのには理由がある。天守を築かずに御殿と櫓のみだったからだ。「家康の時代に天守はいらない」という政宗の方針で築かれなかった。

もちろん、天守がなくとも**要害の地に築城された仙台城**は、戦時にも十分耐えられるという政宗なりの判断があったのだろう。ただ、本丸御殿は武家文化の粋を集めた豪華なもので、大広間は秀吉の**聚楽第**※と遜色ないものだったと語り継がれている。

しかし、険しい山に築城したため政務には不便で、2代藩主の忠宗の時代に低い場所に二の丸を造営し、そこに館も移された。仙台伊達藩は13代まで続いたが、明治時代に建物の大部分が取り壊されてしまう。わずかに残された二の丸の大手門や二の丸隅櫓も第2次世界大戦の空襲で焼失。現在は、昭和42年（1967）に再建された大手門隅櫓と石垣が昔の面影を伝えるのみだ。

※聚楽第　秀吉が京都に築いた政庁兼邸宅の平城。建物には金箔がはられるなど豪華絢爛な建築物だった。

駿府城

徳川家康が3度も住んだ隠居城

再現された現在の駿府城

東御門全景
江戸時代の資料を基に再現された二の丸東御門全景。東御門は櫓門、高麗門、多聞櫓などから構成された枡形門だ。

東御門 ひがしごもん
正面から見た東御門。前面真ん中に高麗門を配して、奥に櫓門や多聞櫓を置いている。侵入した敵を3方向から攻められる防御性を高い配置が大きな特徴だ。

巽櫓 たつみやぐら
東御門の横にある巽櫓。一見すると隅櫓のように見えるがL字型の櫓になっている。

家康と縁の深い駿府城

徳川家康は信長と同じように居城を転々と変えた大名だった。岡崎城で生まれ、後年に駿府城になった今川義元の館で人質として育った。岡崎城に戻ってからは領地が拡大するに従って、浜松城や再び駿府城と移り住む。その後秀吉の命によって関東に転封されて江戸城を大改修し、隠居の身となるまで落ち着くことはなかった。

そんな居城の中で家康が生涯を通じて3度も住んだのが駿府城である。駿府は駿河の中心地として古くから栄え、室町・戦国時代には東海の雄今川家のお膝元として発展した。天正10年（1582）に織田・徳川軍が武田家を滅亡させて家康が領地に組み込み、我がものとしたのだった。

駿河を手に入れた家康は天正13年に駿府城を築城。ここを拠点に領地経営を行った。その後、家康が関東に転封されると、秀吉の家臣だった豊臣系の大名・中村一氏《かずうじ》が城主

DATA

安　江　平城

築城者：徳川家康
築城年：1585年、1607年
アクセス：JR東海道本線・東海道新幹線「静岡」駅下車、徒歩約15分

幕府滅亡後は徳川家の居城になった

江戸時代の大半は幕府直轄の天領として何十人もの城代を置いた駿府城だったが、明治時代に入って一時徳川家の居城となった。慶應4年(1868)に15代将軍徳川慶喜が大政奉還をして、その後の戊辰戦争では江戸城開城を余儀なくされるが、この頃、江戸幕府直轄の天領は没収され、わずか駿府のみが残された。

江戸城開城後、慶喜は隠居して養子の徳川家達に家督を譲るのだが、この駿府城を居城として明治2年(1869)の廃藩置県までのわずかな期間は大名として駿河を治めたのだ。

家康の生涯と駿府城の関係

1542年	岡崎で生まれる
1540年代～50年代	数年間、駿河の今川義元の人質となる
1582年	武田家の滅亡により、駿河が所領地になる
1585年	駿府城を築城
1587年	大納言になり、所領から駿河大納言と呼ばれる
1590年	関東転封により駿河城を去る
1600年	関ヶ原の戦いで勝利する
1603年	征夷大将軍となる
1605年	征夷大将軍を辞して秀忠に職を譲る
1607年	駿府城に移る。駿河の大御所として実権を握る
1615年	大阪夏の陣で豊臣家滅亡
1616年	駿河城で死去

家康が駿府城を拠点とした期間

となったが、関ヶ原の戦い後、再び徳川家の城となる。さらに**将軍職を息子の秀忠に譲り、大御所となって家康は駿府城に移り住んだ**。隠居城として使用するためだが、この時に、天下普請として多くの外様大名に協力させて大改修が行われ、3重の堀を築くなど、現在の駿府城の原形ができたといわれている。

秀忠に将軍を譲ったとはいえ、家康が最高権力者であることに変わりはなく、江戸城と駿府城の二重政治が行われることになる。駿河城下も江戸と並ぶ政治・経済の中心地として栄えたという。

家康亡き後は、紀州徳川家の祖となる頼宣《よりのぶ》や、秀忠の次男で3代将軍家光の弟の忠長が城主となって駿河を治める。しかし、忠長が謀反の疑いで蟄居させられ自刃した後は、大名を置くことはなく**天領**※として明治を迎えた。

巽櫓や東御門などが史料を基に再建

家康時代の駿府城は、6重7階（あるいは5重7階）の天守が立つ城だったが、寛永12年（1635）に火事で天守はじめ、城郭の大半を焼失してしまう。その後、御殿や櫓は再建されたが、城主のいない城という理由で天守が再建されることはなかった。

現在の駿府城は、旧三の丸には官公庁や学校が建てられ、旧二の丸や本丸は駿河公園として整備されている。最近になって**二の丸巽櫓や東御門、多聞櫓などが再建**され、江戸時代の駿府城の壮麗さを今に伝えている。

※天領　江戸幕府直轄領のことで、17世紀末には約400万石あったといわれている。天領の年貢が幕府の財政基盤になっていた。

掛川城

山内一豊の出世につながった城

家康を牽制するために築城された城

妻・千代の内助の功で土佐24万石の大名まで出世した山内一豊。この一豊に縁のある城が掛川城である。実はこの城こそ、彼の出世物語に不可欠な城なのである。

一豊は、秀吉配下の武将として堀尾吉晴や中村一氏と共に頭角を現した武将で、秀吉が天下を治めた時に掛川5万石を与えられた。じつは**一豊が東海道に領地を与えられたのには理由があった。**小田原の役後に秀吉は家康を関東に転封させたのだが、その抑えが必要だった。そこで掛川の一豊をはじめ駿河駿府14万石に中村一氏、東三河15万石余りを池田輝政、そして東海道の要である尾張・伊勢100万石に甥の豊臣秀次といった、**秀吉に近い武将を東海道の重要拠点に配したの**だ。

そして掛川城に入城した一豊は、今川家の武将だった朝比奈家が築城した掛川城を大改修する。長く続いた戦乱で傷んだ城と城下を東海道の要

現在の掛川城

掛川城天守
高知城を参考に復元された掛川城の天守。規模は小さいが望楼型の美しい天守だ。

太鼓櫓 たいこやぐら
大太鼓で時間を知らせていたことから太鼓櫓と呼ばれている。三の丸から現存移築された櫓だ。

大手門
高さは11m以上もある大手門。こちらも天守と同様に復元された門である。

DATA

重
室　安　平山城

築城者：朝比奈泰熙・泰能、山内一豊
築城年：1512年、1590年
アクセス：JR東海道本線・東海道新幹線「掛川」駅下車、北口から徒歩約7分

山内一豊の出世年表

- 1545年　尾張国黒田に生まれる
- 1560年　桶狭間の戦いがある。この年、一豊元服する
- 1567年　千代と結婚する
- 1570年　信長の朝倉攻め。金ヶ崎の戦いで大怪我を負う
- 1573年　秀吉の配下になる。近江で400石を与えられる
- 1577年　播磨で700石を与えられる
- 1581年　京都の馬揃えで愛馬が信長の目に留まり、200石加増
- 1582年　山崎の戦いに参加。500石加増される
- 1583年　伊勢亀山城包囲戦などの参加。361石加増
- 1584年　近江長浜で5000石の城主となる
- 1585年　近江長浜で2万石の城主となり、秀次の補佐を任じられる
- 1590年　掛川5万石の城主となる
- 1600年　関ヶ原の戦いの功績で土佐20万石（後に24万石）の領主となる
- 1605年　死去

秀吉による家康包囲網

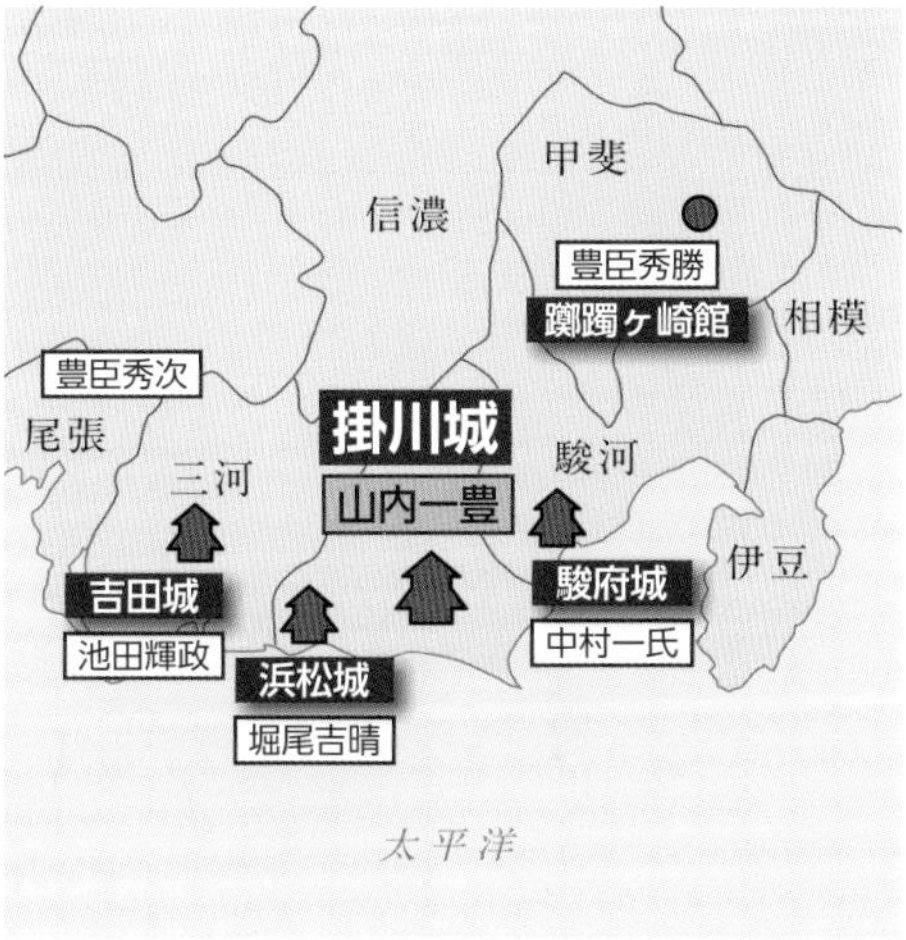

秀吉は小田原の役の後に、関東の家康が東海道を下って大阪に攻め込まないよう自分に近い大名を東海道の要衝に配置した。一豊の掛川城もそのひとつだ。

衝として整備していった。

関ヶ原の戦い直前に城を開放して出世する

しかし、秀吉亡き後、状況は一変する。関ヶ原の戦い直前、家康は多くの大名を率いて会津の上杉討伐に向かう途中、石田三成の挙兵を知る。そして※**小山評定**では従軍していた諸将を集めて味方してくれるよう依頼する。

この時に**一豊は掛川城を家康に開放すると進言した。**西の三成を討つためには東海道を下らなければならないが、「城を開放するから自由に使ってくれ」と進言した。大合戦を前に少しでも味方が欲しい家康にとっては、一豊の言葉が身に染みたのは言うまでもない。

一豊は**掛川城開放の一言によって関ヶ原の戦い後に土佐一国24万石を手にした**のだった。一豊が土佐に転封された後の掛川城には、譜代大名が入れ代わり立ち代わり入城した。

掛川城の天守は、江戸時代の地震により倒壊。以来、再建されることはなかったが、一豊が掛川城の天守と同様の姿に建てさせたといわれる高知城を参考にして、平成6年（1994）に再建された。

※小山評定　下野国小山（現在の栃木県小山）で三成が挙兵したので西に兵を返すことを決定し、さらに家康に味方することを諸将が誓った軍議。小山軍議ともいう。

岡崎城

家康が生まれた「神君出生の城」

岡崎城で生まれ、領土を拡大する

徳川家のルーツは三河の山間にある松平郷の小領主だった松平家に養子に入った時宗の遊行僧・徳阿弥といわれている。徳阿弥は還俗して松平親氏《ちかうじ》と名乗り、近隣の領主たちを滅ぼして次第に勢力を拡大していった。親氏から数えて9代目に当たる当主が家康なのだが、彼が生まれた頃の松平家は平野に進出し、岡崎周辺も領地に組み込んでいた。

家康の父・広忠《ひろただ》は10歳の時に父親を家臣に殺されて家督を継いだが、幼いために領地や家臣団を統治できず、今川家の庇護下に入った。その広忠も後に家臣に殺されてしまうのだが、そんな内紛の時代に家康は生まれた。

家康が生まれたのは天文11年（1542）。松平家が居城としていた岡崎城で産声を上げた。当時の岡崎城は、かつてこの地を支配していた西郷氏が造った城で、石垣もなく土塁で囲まれた草深い中世城郭だったようだ。家康は幼い頃のわずかな期間を岡崎城

松平（徳川）家の代々当主

初代	松平親氏	松平家の始祖。松平家に養子に入る
2代	松平泰親	松平郷近隣に勢力を拡大する
3代	松平信光	賀茂氏、源氏を名乗っていたといわれる。松平家の三つ葉葵は賀茂氏に由来するらしい
4代	松平親忠	5代・長親と共に松平家の勢力を広めた
5代	松平長親	父・親忠と勢力を広げ戦国大名に成長する
6代	松平信忠	一族を抑えられずに若くして隠居
7代	松平清康	13歳で家督を継ぎ、**岡崎城など複数の城を奪取する**が家臣に殺される
8代	松平広忠	10歳で家督を継ぎ、今川家の庇護下に入る。**岡崎城を本城にする。**父に続き家臣に殺される
9代	松平家康	**岡崎城で生まれる。**徳川姓を名乗り、江戸幕府の開祖となる

DATA

指

室 安 平山城

築城者：西郷氏
田中吉政
築城年：1455年頃
1591年
アクセス：名鉄名古屋本線「東岡崎」駅下車、徒歩約15分

現在の岡崎城

岡崎城天守
付櫓と井戸櫓を付属した３重３階の岡崎城天守。江戸時代の天守を再現しているが、最上階の高欄は存在しなかった。

家康産湯の井戸
家康産湯の井戸。家康が生まれた時に使った産湯は、ここから汲み上げられたと伝えられている。

家康像
城郭の一部は岡崎公園として整備されているが、その入口付近には徳川家康の銅像が立つ。

三河武士のやかた家康館
二の丸跡に開館された資料館。松平氏や三河武士の軌跡、家康の生涯を紹介している。

で過ごした後に今川家に人質に出される。幼年期、青年期は今川家の館がある駿府で送ったが、**桶狭間の戦い**※後に独立して岡崎城に戻る。ここを居城にしながら三河を統一し、今川家の領地を侵食するかのように、領土を拡大していった。

江戸時代は譜代大名や親藩が城主になる

領土が拡大すると、家康は浜松城、駿府城と東へと拠点を移して、岡崎城には重臣たちを城代として据えた。しかし、小田原の役後に家康は関東に転封される。岡崎城に入城した**田中吉政は、城を拡張し、石垣や城壁を築くなど、現在の岡崎城の原形を造った。**さらに岡崎の郊外を通っていた東海道を城下町の中心となるよう変更するなど、城下町の整備にも力を注いだ。

徳川幕府の開府後は、岡崎城は「神君出生の城」として神聖視され、江戸時代を通して、本多家、水野家、松平家など譜代大名や親藩が代々の城主を務めた。石高はわずか5万石程度だったが、譜代大名は岡崎城主になることを名誉と捉えていたようだ。そして元和3年（1617）には、付櫓と井戸櫓を付属した3層3階の複合型天守が築かれた。

しかし、明治6年（1873）の廃城令によって、天守はじめすべての建築物を失った。現在の天守は、昭和34年（1959）に再建された鉄筋コンクリート製だが、付櫓や井戸櫓が付属する複合天守として往事の面影を今に伝えている。

※桶狭間の戦い　織田信長が今川義元を破った有名な戦い。この時、家康は今川方の豪族だったが、今川家が負けたことで主従関係から開放された。

名古屋城

豊臣包囲網の要として築いた城

DATA

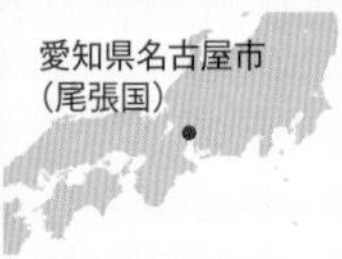

特 指 重
江
平城

築城者：徳川家康
築城年：1610年
アクセス：市営地下鉄名城線「市役所」駅・JR「名古屋」駅から市バス「光ヶ丘・猪高車庫行き」で約15分「市役所」下車、徒歩5分

豊臣家包囲網の拠点

「尾張名古屋は城でもつ」と謳われる名古屋城は、徳川御三家のひとつ尾張藩の居城として知られる。

慶長5年（1600）の関ヶ原の戦いで勝利を収めた家康は、着々と大阪の豊臣包囲網を整備していった。慶長6年には二条城、伏見城、桑名城、姫路城、和歌山城の築城・改修に取りかかり、さらに彦根城、伊賀上野城など大阪周辺の城の築城や大改修を各領主に命じる。その総仕上げとして築城されたのが、名古屋城である。

尾張家の居城として明治まで続く

家康は9男・義直《よしなお》を尾張の領主に据えていた。尾張は大阪の豊臣秀頼を牽制するに適し、また東海道の要の位置にもあり、織田信長ゆかりの地でもあった。当地には信長の居城だった清洲城もあったが、規模が小さく、水害の恐れもあったため、那古野城に目をつけたのだった。

那古野城は、家康が若い頃

再現された名古屋城天守

大天守と小天守
大天守と小天守が並んだ連結式の天守。屋根には名古屋城の象徴である金の鯱が輝く。
※現在天守閣は閉館しています。

御深井丸西北隅櫓
3重3階の櫓で、その大きさは高知城や宇和島城の天守も凌ぐ。織田信長の居城だった清洲城天守を移築したとも伝えられ、「清洲櫓」とも呼ばれている。
（写真提供：名古屋城総合事務所）

大阪城包囲網の要だった名古屋城

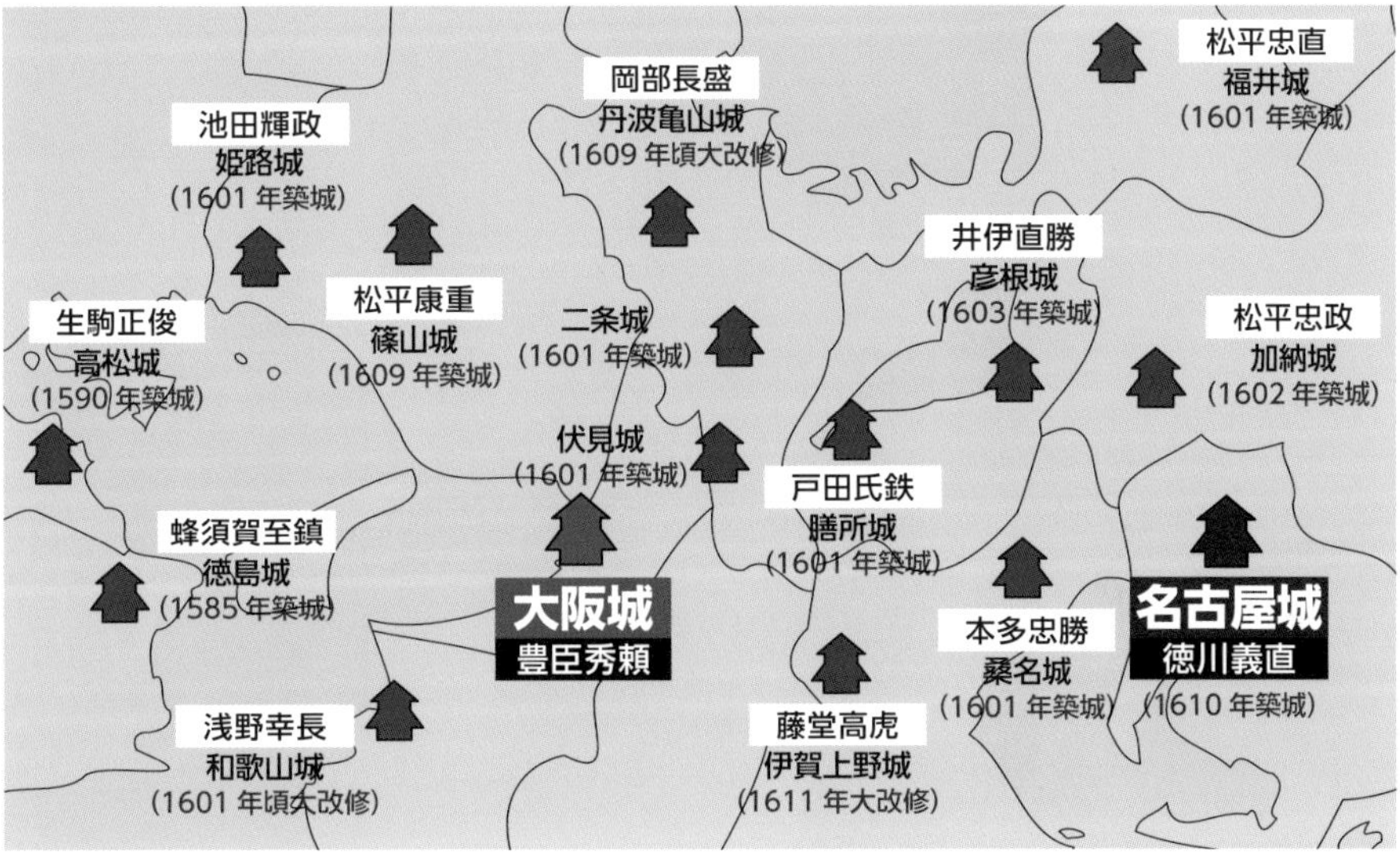

関ヶ原の戦い後、中部・近畿・中四国地方で次々と築城・改修が行われ、豊臣家包囲網が張り巡らされた。

に人質となっていた今川家の支城だったが織田家が奪取し、信長も一時居城した城だった。しかし、信長が居城を変えたため廃城となっていたが、ここに建設することを家康は決意した。

家康は慶長14年に築城令を発行し、西国の20大名に普請を命じた。翌年には築城が始まり、わずか2年後には天守も完成した。

元和元年（1615）の夏の陣によって豊臣家が滅亡した後は、**尾張徳川家**※の威光を象徴する城として明治維新まで続いた。明治以降も天守は保存されていたが、第二次世界大戦で天守や御殿などを焼失。昭和6年（1931）または昭和34年（1959）に鉄筋コンクリートの天守が再建された。ちなみに、再建天守の容積は姫路城の約3倍という巨大さだ。

お城マメ知識

天下普請に従事した外様大名の胸の内

江戸時代初期の外様大名の頭を悩ませたのが、幕府の度重なる城普請による財政悪化だった。そんな胸の内が垣間見られるのが、加藤清正と福島正則の会話である。正則は「江戸城は家康の城だからわかるが、名古屋城は息子の城ではないか」と愚痴をこぼしたところ、清正に「我慢できないなら、さっさと国に帰って戦の準備をしたら良かろう」とたしなめられたという逸話が残っている。天下が定まった以上、従うしかなかった外様大名の悲哀が感じられる。

※尾張徳川家　徳川御三家の筆頭として約62万石の知行高を有した。ただ、御三家の中では唯一将軍を輩出できなかった。

岐阜城

斉藤道三、織田信長の居城

古文書を参考にして復元した岐阜城

天守
天守は加納城や古文書を基に再現された鉄筋コンクリート製である。

金華山と天守
金華山（稲葉山）山頂に再建された岐阜城の天守。天守からは濃尾平野が見渡せる。

道三の死後に岐阜城を手に入れた信長

岐阜城に縁のある武将といえば、やはり「美濃の蝮《まむし》」の異名で知られる斉藤道三《どうさん》と織田信長だろう。道三は鎌倉時代に築城された稲葉山城を整備した大名であり、**信長は斉藤家を滅ぼし、稲葉山城を岐阜城に改めた**ことで知られる。

稲葉山城の歴史は古く、鎌倉時代に砦が築かれたといわれている。一度は廃城となるが、戦国時代に入ると長井氏が城を築き、道三が引き継いだ。道三は油売りから戦国大名に上りつめたといわれる下克上を象徴する人物だが、稲葉山城を要塞化し、美濃一円に睨みを利かせた。

道三の娘婿でもあった信長は、早くから天下への野望を抱いていたが、**稲葉山城は京へ上るためにはぜひとも手にしなければならない城だった。**道三の死後、信長は数年間にわたる美濃攻めの末、永禄10年（1567）に斉藤家を滅ぼし、ようやく稲葉山を奪取した。その後、南近江を平らげ、上洛を果たして近畿一円

DATA

鎌　室　山城

築城者：斉藤道三、織田信長など
築城年：1201〜04年、1532〜55年、1558〜70年
アクセス：JR東海道本線「岐阜」駅から、岐阜バス「長良橋経由」で約15分「岐阜公園・歴史博物館前」下車、徒歩約3分で「金華山ロープウェー山麓」駅。山麓駅から、「金華山ロープウェー山頂」駅まで約3分、山頂駅から天守まで徒歩約8分

を次々と領地にしていくが、その拠点となったのが岐阜城であった。

岐阜城を拠点に勢力を拡大した信長

信長は安土城に移るまでの約10年間、岐阜城を拠点にして近畿、伊勢、北陸などに勢力を伸ばしていく。岐阜は複数の街道が交差する要所であったため、迅速に部隊を各方面に派遣するのはうってつけの拠点だったといえるだろう。事実、信長は安土城に移ると岐阜城を嫡男の信忠に与えている。それだけ岐阜城が重要な戦略的拠点と信長が考えていたことは間違いない。

江戸時代に入ると、防御性は高いが不便な山城だったために廃城とされ、代わって平城の加納城が築城された。その時に天守や櫓は加納城に移築された。

明治時代に日本で初めて観光目的の天守が再建されたが、昭和18年（1943）に焼失してしまう。**現在の岐阜城の天守は、加納城や古文書を参考にして昭和31年（1956）に再建**された鉄筋コンクリート建築だ。天守からの眺めは360度の大パノラマで、眼下に濃尾平野や長良川が見渡せる。信長もこの風景を眺めながら天下統一への戦略を練っていたのかもしれない。

斉藤道三と織田信長の相関年表

1533年	斉藤道三が稲葉山城の城主となる
1539年	斉藤道三が金華山山頂に城を築城する
1547年	信長の父・信秀が稲葉山城下まで攻めるが道三に大敗
1548年	道三と信秀が和睦。信長と道三の娘・濃姫が結婚
1549年	道三と信長が聖徳寺で初め て会見。道三が信長の器量を見抜く
1556年	道三、息子の義龍との戦いに敗れて戦死
1561年	義龍が病死し、息子の龍興が家督を継ぐ
1567年	信長が稲葉山城を攻略。城下を「岐阜」と命名し、稲葉山城から岐阜城と改める
1576年	信長、息子の信忠を岐阜城主にする

十数人で稲葉山を乗っ取った竹中半兵衛

竹中半兵衛といえば秀吉の出世を支えた軍師として知られるが、元々は斉藤家の家臣だ。義龍《よしたつ》の死後、龍興《たつおき》が家督を継ぐが、酒に溺れて政務を疎かにし、重臣を遠ざけ一部の側近だけを寵愛するなど、斉藤家の政治は乱脈を極めた。

これを見かねた半兵衛はわずか十数人を率いて1日で稲葉山城を乗っ取った。しかし、占拠後には城を龍興に返還。半兵衛の真意は、政務や軍事を疎かにする龍興への身を挺した諫言であったといわれている。この快挙を知った信長は、秀吉に半兵衛を配下にするよう命じる。秀吉は「三顧の礼」を尽くして半兵衛を迎え入れたのだった。

武田信玄の居城
躑躅ヶ崎館

信虎が築城し、信玄が拡張した城

　武田家は、清和源氏の流れを組む甲斐守護職として長年にわたって当地を治めてきた。武田信玄の父・信虎の時代に、館を石和から現在の甲府市にある躑躅ヶ崎館《つつじがさきやかた》に移したといわれている。

　躑躅ヶ崎館は三方を山に囲まれた扇状地の要害の地に建設された。200メートル四方の主郭の周りを土塁で囲み、信玄の代には外部にもいくつかの曲輪を設けた。その形状は**中世の館に近く、近世城郭にある天守や堅牢な石垣はなかったが、堅城だった**といわれている。武田信玄の**※甲陽軍艦**《こうようぐんかん》の中に「人は城、人は石垣、人は堀、情けは味方、仇は敵」という言葉があるなど、信玄が人材重視で城づくりに対しては消極的と思われがちだが、あながちそうとは言いきれない。

信玄が一生涯住み続けた城

　信玄が当主になると、南信濃、北信濃へと侵攻し、諏訪

信濃侵攻前の甲信越の各拠点

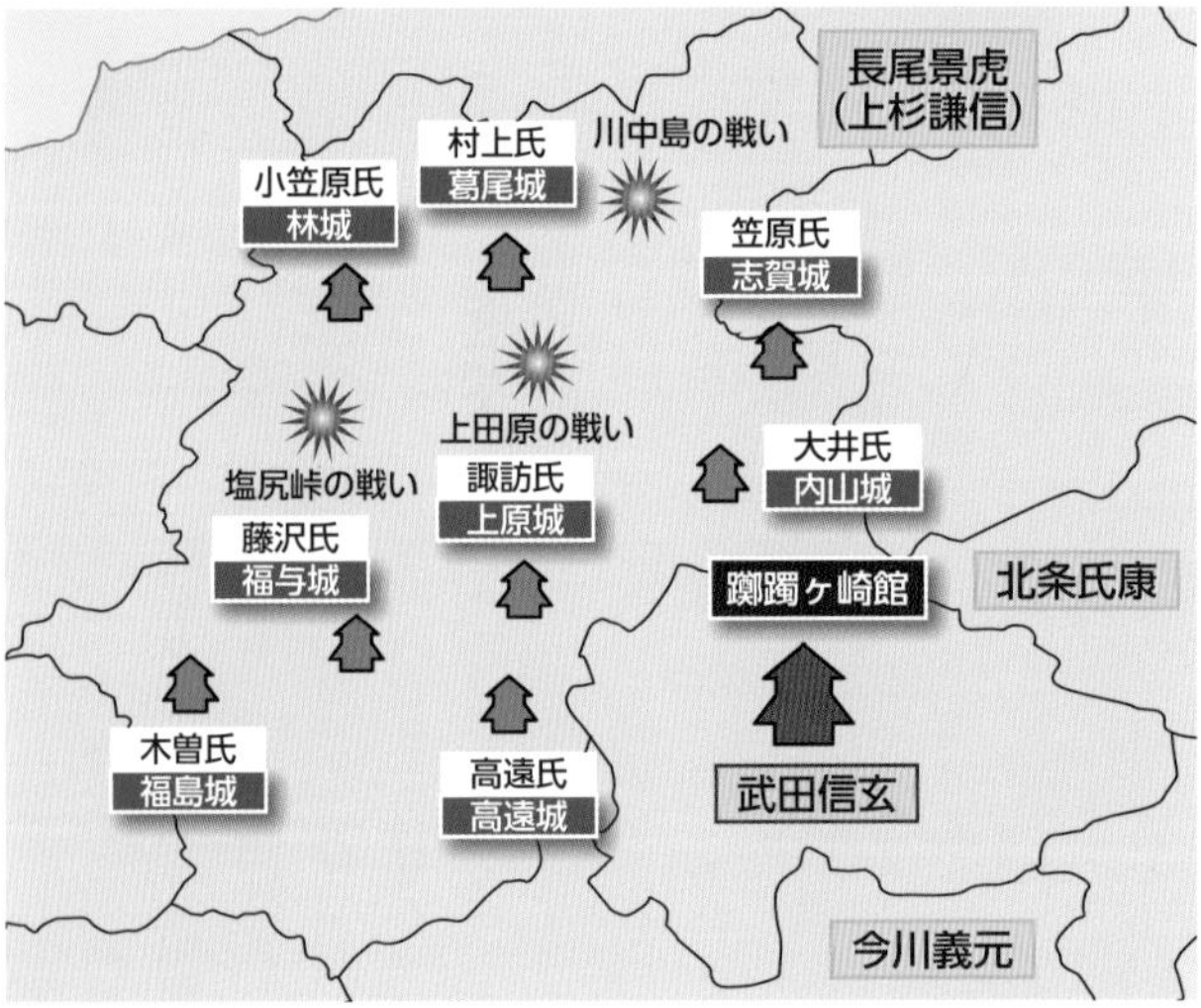

信濃には複数の豪族が割拠したが武田信玄が滅ぼし、それぞれの城は武田家の支城となった。

DATA

指　室　平城

築城者：武田信虎
築城年：1519年
アクセス：JR中央本線「甲府」から、バスで約8分「武田神社」下車、徒歩すぐ

武田信玄の年表

1521年	武田信虎の嫡男として生まれる
1536年	元服して「晴信」と名乗る
1541年	父・信虎を駿河に追放し、19代甲斐武田家の当主になる
1542年	信濃の諏訪に侵攻し、諏訪領を掌握
1545年	高遠城、福与城を相次いで落とす
1550年	小笠原氏の林城を落として中信濃を手に入れる
1553年	村上氏が葛尾城を放棄して長尾景虎の下に逃れる。第1次川中島の戦い
1561年	第4次川中島の戦い。最大規模の戦いになる
1568年	駿河に侵攻。駿河を手中に収める
1571年	三河・遠江に侵攻。徳川家の支城を次々と落とす
1572年	信長を討つため西上するが途中で病死

現在の躑躅ヶ崎館

武田神社
躑躅ヶ崎館の跡地には現在、武田信玄を祭神にした武田神社が建てられている。

水堀
現在の武田神社である躑躅ヶ崎館の主郭を囲むように張り巡らした水堀。

氏、小笠原氏、村上氏などを切り崩し、領土を拡大していく。こうした積極的な領土拡大戦略が越後の上杉謙信を刺激し、数度にわたる川中島の戦いを起こすことになる。

しかし、**信玄は領土を拡大しても躑躅ヶ崎館から他城へ拠点を変えることは一度もなかった。**晩年に今川家を破り、念願の駿河を手にした際も、東海道に居城を移すこともなかった。その代わり、領地内に「棒道《ぼうみち》」と呼ばれる道幅が広く、まっすぐな軍用道路を建設して、戦場へすばやく移動できるように工夫した

そして元亀3年（1572）に、室町幕府15代将軍の足利義昭の信長討伐の命に応えて、大軍勢を率いて躑躅ヶ崎館を出発。途中、徳川家康軍を三方ヶ原で粉砕し、軍を西へ進めたが、途中病死した。

信玄の跡を継いだ勝頼も躑躅ヶ崎館を居城にしたが、長篠の戦いで織田・徳川軍に大敗して次第に国力は弱まる。そして信長が満を持して武田征伐の兵を挙げる。

その前年に信長侵攻に備えて、勝頼は躑躅ヶ崎館よりも強固な新府城を韮崎に築城していたが、この建設費を支配下の国人衆に課したため人心が離れて寝返りが相次ぐことになる。そして天正10年（1582）に天目山の戦いに敗れ、20代続いた甲斐武田家は滅亡した。

一方、主を失った躑躅ヶ崎館は、織田家の河尻秀隆や徳川家康によって甲斐支配の主城とされたが、**天正18年に家康の家臣の平岩親吉《ひらいわちかよし》が甲府城を築いて廃城となった。**

※甲陽軍艦　武田氏の戦略・戦術を記した軍学書。

第2章
武田信玄
山本勘助

信玄の軍師・山本勘助が縄張をした城
小諸城

DATA

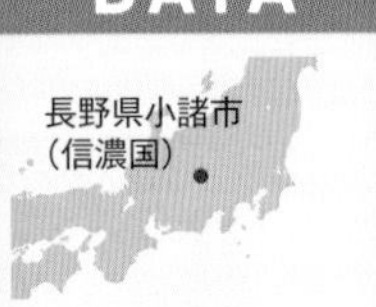

重　室　江　平山城

築城者：武田信玄
仙石秀久
築城年：1554年、
1614～15年
アクセス：JR小海線・しなの鉄道「小諸」駅下車、徒歩約3分

信玄が築城を命じた別名「穴城」

武田信玄が北信濃に侵攻し、大井氏の鍋蓋城《なべぶたじょう》・乙女《おとめ》城《じょう》を落として拡張させたのが、小諸城の始まりだ。縄張は軍師の山本勘助《かんすけ》らに命じたといわれている。小諸は北信濃の東に位置し、北信濃平定に欠かせない場所であると共に、関東への進出も目論む信玄は重要拠点として捉えていた。小諸城を築城したのには、そんな信玄の思惑があったのだろう。

さて、**小諸城の最大の特徴は城下町よりも低い土地にあること**だ。そのため「穴城」と呼ばれる全国でも珍しい城である。しかし、低い土地にあるからといって防御性に乏しい城ではない。左右は千曲川の支流がつくった断崖に守られ、本丸も背に断崖を置いた半輪郭式縄張となっている。断崖を利用するのは信玄がよく用いる築城方式だが、この小諸城にもその手法がいかんなく発揮されている。

勘助も信玄の意を汲んで、中央をくびれた形にし、そこに二の丸を置いて隘路や屈曲を設けた複雑な構造で、敵が押し寄せても簡単に突破できないよう工夫している。

江戸時代に近世城郭として整備

信玄が重要戦略拠点とした小諸城は、江戸時代になってもその位置づけに変化はなかった。関ヶ原の戦い後、小諸の領主となった仙石秀久《せんごくひでひさ》は、**主要部分の曲輪を石垣で囲み、3層の天守や現存する大手門などを建設するなど、小諸城を近世城郭にした。**

しかし、秀久が精魂込めて整備した小諸城は、その後、信濃と関東を結ぶ重要な拠点であったために、秀久を上田に移して久松松平氏や青山氏など譜代大名を領主とした。さらに元禄15年（1702）年には牧野氏が入城し、明治時代まで小諸を統治した。

現在の小諸城は、秀久が建設した**重要文化財の大手門と三の門をはじめ、天守台や石垣が残されている。**また、小諸城跡は「懐古園」という公園として整備され、観光地として人気を集めている。

小諸城の縄張と見所

二の丸、北の丸、南の丸周辺がくびれたように細いのがわかる。本丸を守るために天然の要害を利用した縄張が施されている。

天守台石垣

江戸時代には3層の天守があった天守台の石垣。江戸時代の寛永期の初め頃に落雷によって焼失したといわれている。

三の門

1765年に建てられた2代目の門。現在、小諸城跡は「懐古園」という公園になっているが、その入口に使われている。

大手門

江戸時代初期に仙石秀久が建設した2層の櫓門。江戸時代初期は瓦葺の門は珍しく、瓦門とも呼ばれていた。

小諸城の年表

- 1190年頃　小室氏が館を築く
- 1487年　大井氏が鍋釜城を築城
- 1543年　武田信玄が大井氏から城を奪う　勘助らに縄張を命じて新城として建設する
- 1554年　拡張築城で小諸城が完成する
- 1582年　徳川家康の支配下になる
- 1590年　仙石秀久が入城。大改修を行い近世城郭となる
- 1622年　仙石氏が上田に転封される。以来、譜代大名が入れ替わり城主となる
- 1702年　牧野氏が入城し、明治まで小諸を治める

春日山城

軍神と呼ばれた上杉謙信の居城

DATA

指 室 山城

築城者： 築城者不明
長尾為景、上杉謙信・景勝が改修

築城年： 1346～70年頃、1573～92年

アクセス： JR北陸本線「直江津」駅から、バス「春日山荘前経由中央病院行き」で約20分「春日山下」下車、本丸まで徒歩約1時間。またはJR信越本線「春日山」駅下車、本丸まで徒歩約1時間30分

春日山城を拠点に越後を統一する

日本を代表する山城のひとつ**春日山城は、戦国時代に軍神と敵から恐れられた上杉謙信（長尾景虎《かげとら》）の居城**だった。謙信は越後守護代・長尾為景《ためかげ》の4男として生まれた。兄の晴景《はるかげ》の後に家督を継いだ謙信は、長尾家の居城である春日山城に入城した。

その後、謙信は春日山城を拠点に越後を統一し、関東管領の名跡を継いで上杉姓を名乗り、関東、信濃、越中へと度々出兵を繰り返す。5度に及んだ武田信玄との川中島の戦い、関東管領として関東の治安維持のため、北条家征伐の出兵を何度も繰り返す。

巧妙な曲輪を設けた難攻不落の山城

領土拡大ではなく、大義のために何度も出兵した謙信だが、その合間を縫って春日山城の防備を増強することも忘れなかった。城域の拡大と施設整備に力を注いでいる。**大規模な山城ながら堀切や土塁が少ないのも春日山城の特徴**

現在の春日山城

本丸跡
春日山の山頂にある春日山城の本丸跡。

史跡広場
かつての春日山城の総構えを再現した史跡広場。山城ながら山麓は土塁や堀が造られていた。

敵の侵入を防ぐため多くの支城があった春日山城防衛網

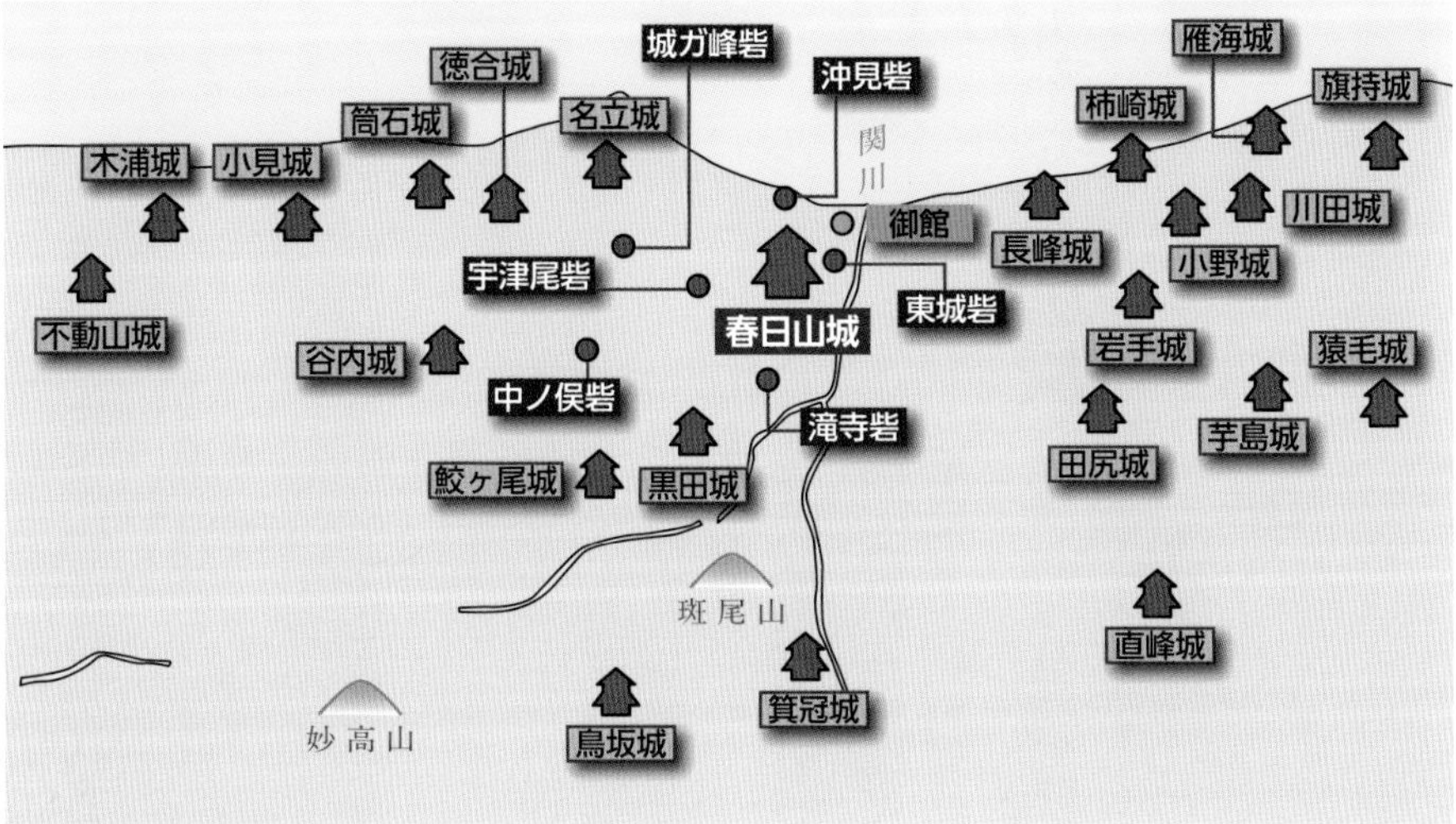

春日山城を守るために、上杉家は周囲に数多くの支城を配置していた。謙信の度重なる他国への出兵は、こうした万全の防衛網があったから可能だったのだ。

だが、それを可能にしたのは深く切り込んだ谷と幾重にも続く尾根筋を削って造り出した巧妙な曲輪群の存在。戦の神様として崇め恐れられた謙信だが、城づくりにおいても手腕を発揮していたことがわかる。

謙信の跡を継いだ影勝も春日山城を居城にしたが、会津に転封となり、秀吉の家臣である堀秀政が越後の新領主となる。秀政は春日山城は政庁として不便と判断し、直江津港近くに福島城を築城した。これによって長尾・上杉4代の居城だった春日山城は廃城になった。

現在、春日山城跡には、本丸跡などがわずかにあるだけだ。地元が行った遺構調査によると、**南北800メートル、東西700メートルの起伏に富んだ中心部と、その周囲4キロメートルにわたる外郭のある巨大な山城だった**ことが判明している。

上杉謙信像

上杉謙信の肖像画
戦国時代を代表する武将の上杉謙信。春日山城を拠点に関東、信濃に度々出兵したが、自らの領地拡大ではなく、拡張政策の北条家と武田家の進出を食い止めるためだった。（米沢市上杉博物館所蔵）

金沢城

利家が改築した加賀百万石の居城

一向一揆の拠点を改修して築城

加賀百万石の居城として知られる金沢城は、加賀一向一揆の拠点だった尾山御坊を織田軍が陥落させ、天正8年（1580）にその跡地に築城したのが始まりだ。北陸方面の司令官だった柴田勝家の甥である佐久間盛政が織田信長から加賀一国を与えられ、その居城として築城した。

しかし、信長亡き後に勝家と秀吉が対立し、盛政も賤ヶ岳の戦いに参戦し、敗れて所領地を失った。盛政の後に金沢城に入城したのが前田利家である。**隣国・能登の領主だった利家は、秀吉から新たに加賀2郡を加増され、居城を金沢城に移したのだ。**

高山右近が縄張をし、独自の工夫が施された城

前田利家は、金沢城に天正11年（1583）入城して改修するが、本格的な工事は天正15年（1587）頃だといわれている。この頃、利家はキリシタン大名で知られる高山右近《たかやまうこん》を金沢に呼び、金沢

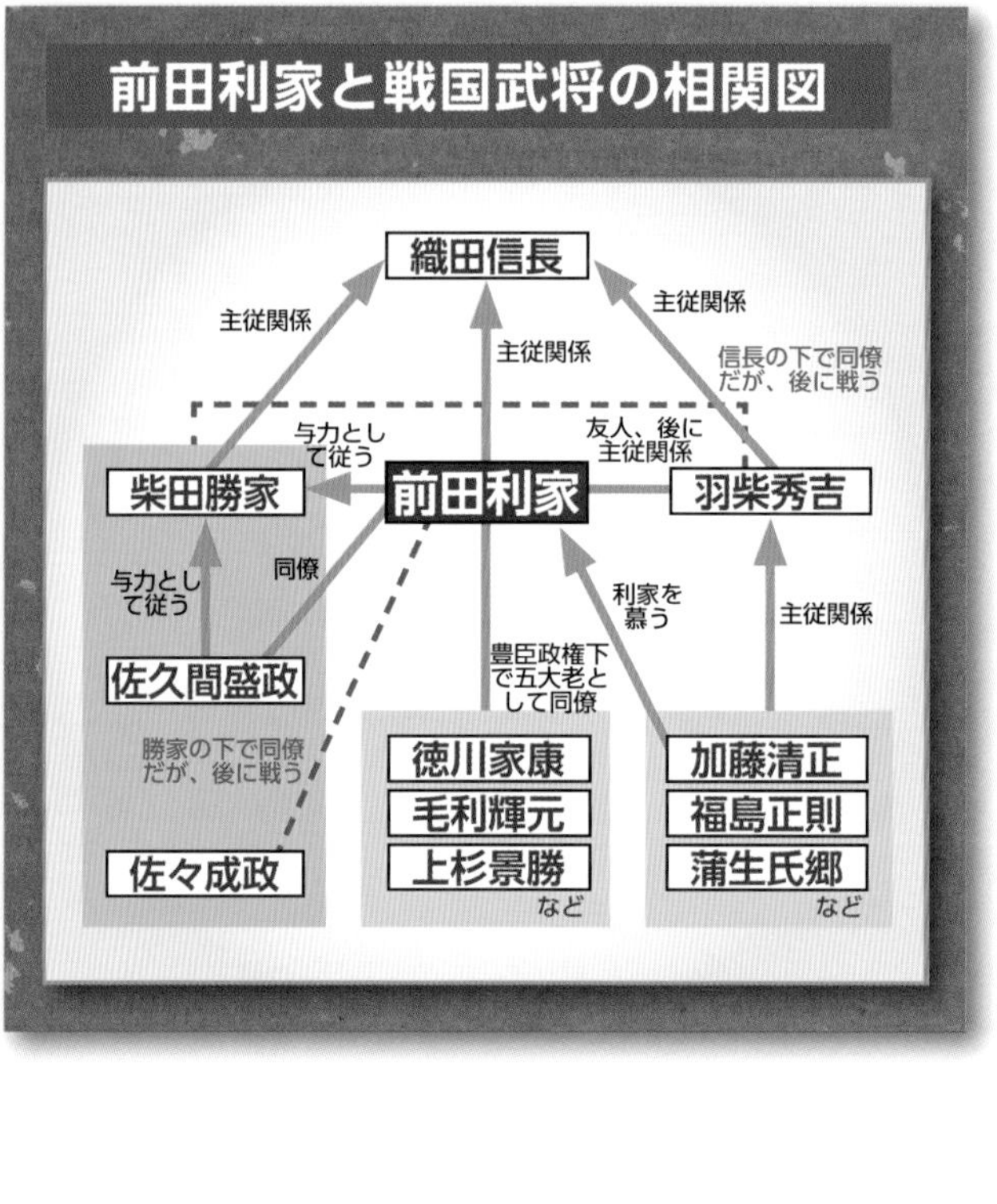

DATA

重

安

平山城

築城者：佐久間盛政
前田利家
築城年：1580年、1583年
アクセス：JR北陸本線「金沢」駅から、北鉄バスで約15分「兼六園下金沢城」下車、徒歩約5分

前田家の100万石への経緯

1574年 越前府中10万石	利家の越前一向一揆の鎮圧の功績が認められる。ただし、佐々成政と不破光治の３人で領有した
1581年 能登23万石	能登 23 万石を領有し、七尾城城主になる
1583年 能登に加えて加賀２郡を加増	利家が金沢城を居城にする
1584年 越中が加増され100万石に	佐々成政の旧領・越中を領有する。越中は利家の息子・利長に与えられ、親子で 100 万石を突破
1600年 加賀西部を加増し、119万石	関ヶ原の戦いの戦功で利長に与えられる
1639年 支藩に分割し、103万石	３代藩主・利常の代に、庶子を取り立て富山藩 10 万石と大聖寺藩７万石に分与する

現在の金沢城

石川門
現存建築として残る門。白く美しい装飾性と実用性を兼ねた海鼠壁《なまこ》が特徴。

三十間長屋
海鼠壁《なまこ》が施された2層2階の多聞櫓。重要文化財にも指定されている。

城改修の縄張を依頼した。右近は秀吉の**バテレン追放令**※に逆らって城を召し上げられており、そんな不遇の右近を利家が招いたといわれている。右近は築城の名手でもあり、利家と二人三脚で改修を行った。

息子の利長《としなが》も後を継いで改修に努め、曲輪や堀の拡張、5重の天守や櫓を建設するなど、長い期間をかけて金沢城を整備していった。しかし、慶長7年（1602）に天守が焼失してしまう。その後、天守が再建されたのかは記録が残っておらず不明だ。

金沢城といえば隣接する兼六園も有名だが、こちらの造園は江戸時代に入ってからのこと。5代藩主の綱紀《つなのり》が蓮池庭を造ったのが始まりといわれている。その後も整備は続けられ、完成したのは180年前後のこと。気の遠くなるような時間をかけて日本を代表する大名庭園は完成した。

さて、現在の金沢城は、現存する建築物として石川門や三十間長屋が有名だ。こうした**建築物には、金沢城だけに見られる独特の工夫が施されている。**

瓦に薄い鉛板をかぶせた鉛瓦を使用しているが、雪の重さを軽減するだけでなく、有事の際にはこの鉛を鉄砲の弾として利用するために貼られた。また、壁は美しいなまこ壁を採用している。こちらも美しさだけでなく、防火壁の役割と雪の湿気を防ぐという実用性もある。細部の材料にまでこだわった金沢城。百万石の大名ならではの城だろう。

※バテレン追放令　1587 年に秀吉によって発令されたキリスト教宣教と南蛮貿易を禁制した文書。

安土城

信長が築いた近世城郭の幕を開けた城

天下布武の拠点として築かれた城

安土城ほど当時の人々に衝撃を与え、そして現在も謎に包まれた城として語り継がれる城はないのではなかろうか。琵琶湖畔の安土山に築かれた5重7階の天守は眩いばかりの金や朱、黒に彩られていたと、複数の文献に記されている。天守を頂く城が皆無だった時代に、高さ数十メートルに及ぶ巨大な天守を仰ぎ見た人々は、信長の絶大な権力と財力を感じただろう。

信長が安土城を築いたのは天正4年（1576）のこと。長年争ってきた※**浅井・朝倉氏**を滅ぼし、近江、若狭、越前を手に入れると共に、武田信玄が死んで東の脅威がいくらか和らいだ時期だった。

それまでの居城だった岐阜城から京都に近く、東海道や北陸道などが交差する近江の国の安土山に普請したことは、北陸や中国地方などに軍勢を繰り出すにも便利な位置であり、信長の全国統一への布石として欠かせないものだったのだろう。

信長の居城の変遷

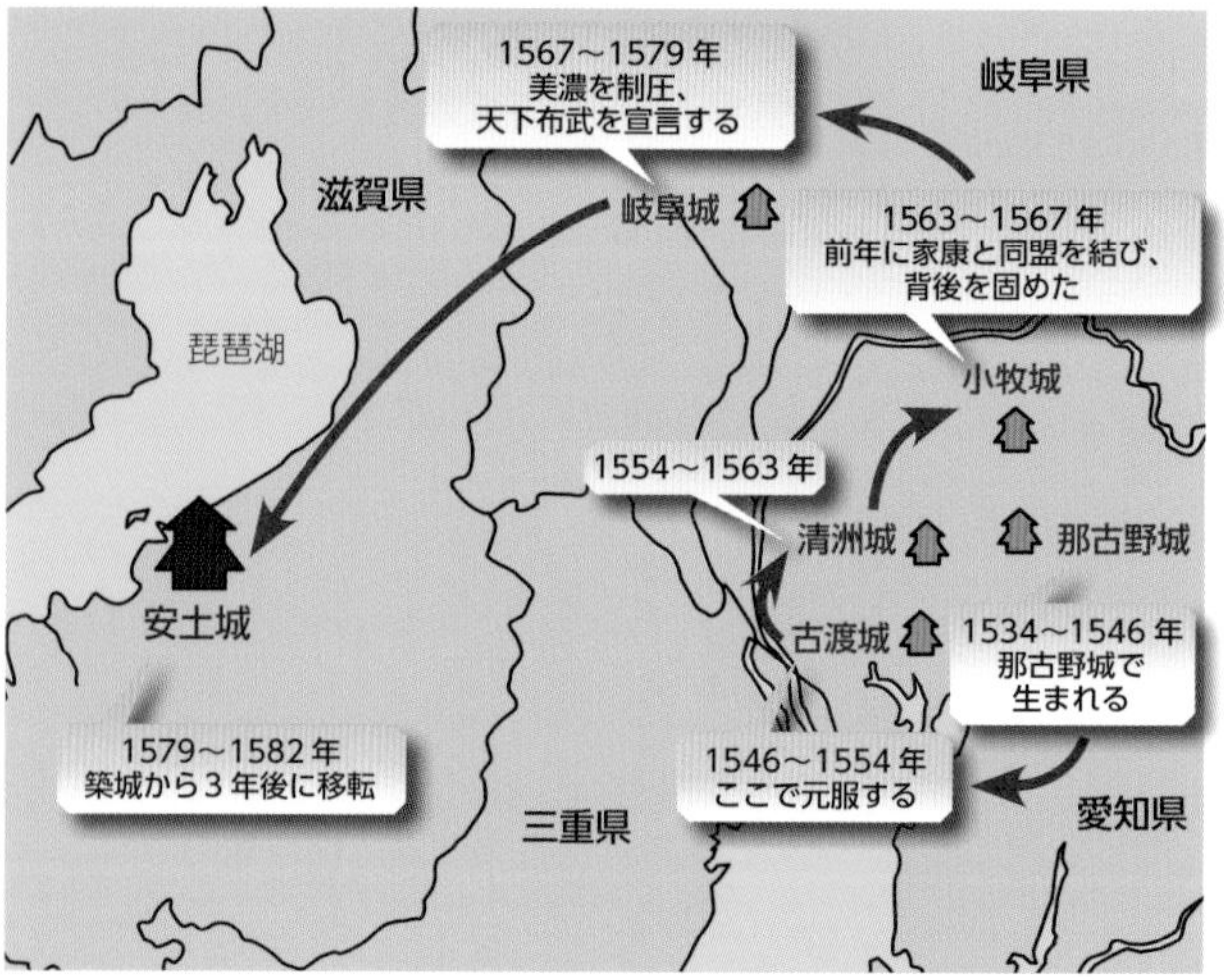

居城を転々と変えていった信長。つねに軍事的に有利な城を主城にして領土を拡大していった。武田信玄が生涯通して躑躅ヶ崎館に留まったのとは対照的だ。

DATA

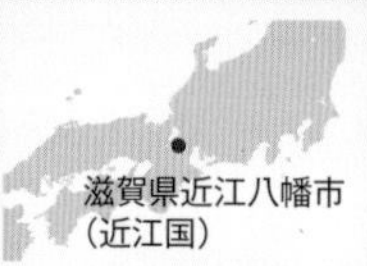

特
安
山城

築城者：織田信長
築城年：1576年
アクセス：JR東海道本線「安土」駅下車、徒歩約20分で登城口、登城口から天守台まで徒歩約25分

琵琶湖を見下ろす安土城

当時の安土城を描いた「安土城図」。安土山に建造され巨大な城だったことがわかる。山の麓には織田家家臣の館も数多くあった。（大阪天守閣所蔵）

館跡
安土山麓には羽柴秀吉や前田利家など家臣の館跡も数多く発見されている。

安土城址
安土山の麓にある安土城址の碑。安土城は安土山全体を要塞化した巨大な城だった。

本能寺の変後に焼失

安土城は織田家の有力武将・丹羽長秀《にわながひで》が普請奉行として指揮を執り、建設から約3年後の天正7年（1579）に完成、信長が移り住んだといわれている。標高187メートルの安土山の中腹には、羽柴秀吉や前田利家など織田家の家臣の館も造られ、その館跡も発掘されている。

まさに天下に覇を唱えた織田家の政庁であり、軍事拠点として威容を誇っていたが、完成からわずか数年後の天正10年の本能寺の変に類してに焼失したといわれている。

天守なき後もしばらくは織田家の居城として使われたが、天正13年に廃城になった。今は大手道や家臣団屋敷跡、虎口《こぐち》跡などの発掘調査が行われている。

安土城は何故、炎上したのか？

山崎の合戦で秀吉に敗れた明智勢の明智秀満《あけちひでみつ》が安土城に入った。その軍勢の退却後に焼失したといわれている。しかし、何が原因で焼失したのかははっきりせず、いくつのか説がある。秀満軍が火を放ったという説があったが、焼失した日に坂本城に籠城しており説得力に欠ける。その他には秀満の退去後に信長の息子である信雄《のぶかつ》が伊勢から来て、秀満の残党をあぶり出すために火をつけたという説などがある。あるいは混乱に乗じて略奪目的で野盗の仕業という説もある。

※浅井・朝倉氏　信長と両家は約5年にわたって幾度となく戦ってきたが、1575年に朝倉家を滅ぼしてようやく終結した。

第2章
徳川家康

二条城

天皇を迎えるために築城した城

DATA

築城者：徳川家康
徳川家光
築城年：1601年、1624年
アクセス：JR東海道本線・東海道新幹線「京都」駅から、市バス「9・50.101系統」で約20分「二条城前」下車、徒歩すぐ。または地下鉄東西線「二条城前」駅下車、徒歩すぐ

儀礼施設として徳川家康が築城

徳川家康が京都における儀礼施設として築城したのが二条城だ。天皇を迎えるための城として建設され、慶長6年（1601）には、この城で征夷大将軍拝賀の儀式も行われている。建設が始まったのは慶長4年。江戸城や名古屋城と同じように、天下普請として諸大名の協力を仰いで約2年間かけて完成した。

さらに3代将軍家光の時代には、後水尾《ごみずのお》天皇を迎えるために本丸御殿や白亜の5重天守を増築して、現在の規模となった。

しかし、家光が後水尾天皇に謁見してからは、将軍がこの城を使用することは長い間なかった。寛延3年（1750）には落雷によって天守は焼失し、政庁として使用されていなかったので再建されることはなかった。

やがて、幕末の動乱期を迎え政局の中心が京都に移ると、14代将軍家茂は荒れ果てた二条城の改修を行い、二の丸御殿などが全面修復された。家持の死後、江戸幕府最後の将軍である15代の徳川慶喜は二条城で将軍拝命の宣旨を受ける。

大政奉還を発表した城としても知られる

この二条城は天皇を迎えるだけでなく、歴史上、重要な舞台として何度も登場している。例えば、慶長14年（1609）には家康と豊臣秀頼の会見も行われた。また**慶喜が上洛中の40藩の重臣を集めて大政奉還を諮問し、発表したのも二条城である。**江戸幕府の京都での儀礼を執り行う施設として築城され、家康が征夷大将軍拝賀の儀式が行われたが、二百数十年後にはその幕引きも二条城で行われたのは歴史の皮肉と言うしかないだろう。

現在の二条城は、国宝の二の丸御殿をはじめ、二の丸東南隅櫓、明治以降に再建された東大手門などが、往時の江戸幕府の繁栄を偲ばせている。武家建築の粋を集めた二条城は、**「古都京都の文化財」のひとつとして世界遺産にも登録されている。**

二条城の縄張と見所

二の丸御殿

寛永3年(1626)に、後水尾天皇行幸に合わせて改修された当時のまま現存されている。大広間、遠侍の間、式台などからなる武家風書院建築の建物だ。

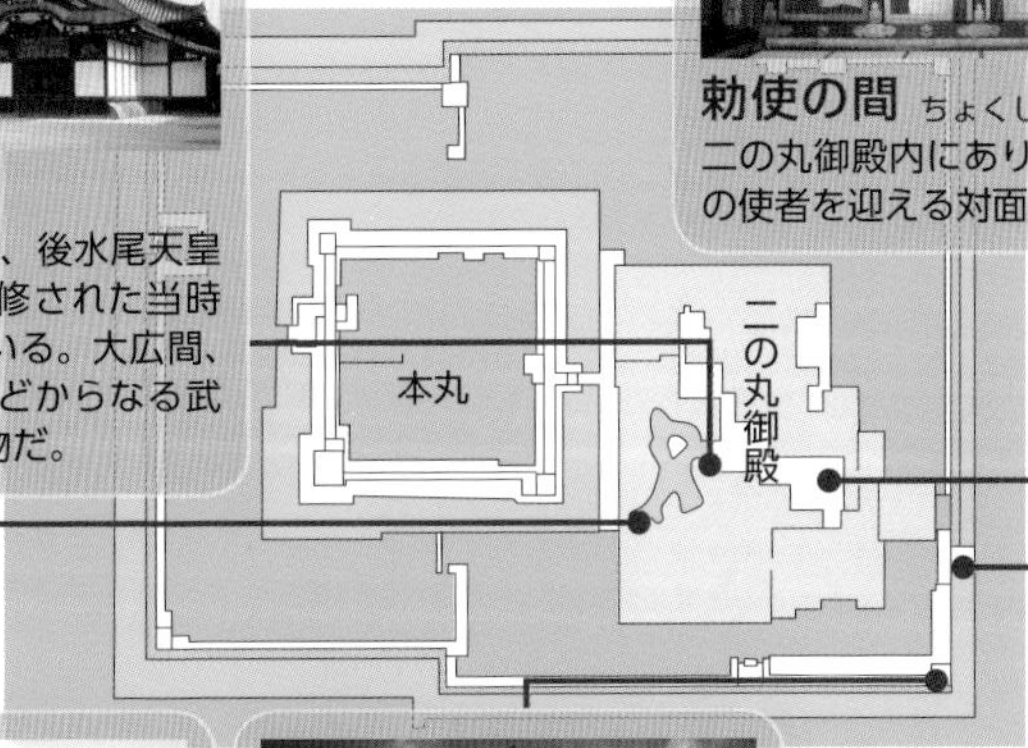

勅使の間《ちょくしのま》

二の丸御殿内にあり、将軍が朝廷の使者を迎える対面所。

二の丸庭園

奥に見える建物が二の丸御殿。手前の庭園との調和が見事だ。

東南隅櫓

二の丸にある東南隅櫓。5間×6間ある巨大な2重櫓。建設には伏見城の古材を利用して建築されたといわれている。

東大手門

徳川家の権勢を誇示するかのように巨大な渡櫓を備えた大手門。

(写真提供：元離宮二条城事務所)

二条城の歴史

- 1601年　徳川家康が西国諸大名に命じて二条城の建設に取りかかる
- 1603年　二条城の大部分が完成し、家康が入城する
- 1611年　家康と秀頼の会見が行われる
- 1614年　大阪冬の陣・夏の陣で軍議が行われ、ここから出陣する
- 1624年　家光が城の拡張・整備に着手する
- 1634年　家光が30万人の大軍を率いて入城
- 1750年　雷により5層の天守が焼失
- 1788年　京都市中の大火により、本丸御殿等を焼失
- 1862年　将軍家持の上洛を迎えるために、二の丸御殿や仮設建物の造営に着手
- 1867年　大政奉還を二の丸大広間で発表
- 1952年　二の丸御殿が国宝に指定される
- 1994年　世界遺産のリストに登録される

和歌山城

秀長が築城した紀州徳川家の城

秀吉の弟・秀長が築城した堅城

御三家の紀州徳川家55万5000石の居城が和歌山城である。紀州徳川家は8代将軍吉宗《よしむね》や14代将軍家茂《いえもち》など、将軍を輩出した家で、藩祖は家康の10男の頼宣《よりのぶ》だ。

紀伊徳川家のイメージが強い**和歌山城だが、元々は豊臣秀吉の実弟・秀長が築城した城である。**戦国時代の紀伊は、寺社勢力が強いうえに、根来《ねごろ》・雑賀衆《さいかしゅう》と呼ばれる鉄砲の操作に長けた武装集団の本拠地であり、秀吉は天正10年（1582）に満を持して紀州へと兵を進めて、これらの勢力を駆逐した。

そんな統治が難しい土地を治めたのが秀長だった。彼は紀州を治める拠点として和歌山城を築いたのである。その後、関ヶ原の戦いで戦功のあった浅野幸長が領主として入城し、城の大改修を行うが、元和5年（1619）に二代長晟《ながあきら》広島藩に加増転封される。長晟の転封と入れ替わりに入城したのが徳川頼宣である。

現在の和歌山城

岡口門 おかぐちもん
現存門として重要文化財に指定されている岡口門。かつては両脇に櫓が設けられた渡櫓門として防備にも優れていた。

御橋廊下 おはしろうか
平成18年（2006）に再建された御橋廊下。二の丸と西の丸を結ぶために設けられた廊下橋だ。奥に見えるのが天守。

天守
3重3階の天守。往時の天守を再現した鉄筋コンクリート製天守。

東堀からの天守
標高50mほどの虎伏山に築かれた和歌山城遠景。幾重にも石垣が積み上げられ堅城であることが遠目にもわかる。

DATA

和歌山県和歌山市
（紀伊国）

指 重
安 江 平山城

築城者： 羽柴（豊臣）秀長、浅野幸長、徳川頼宣
築城年： 1585年、1600年、1619年
アクセス： JR紀勢本線「和歌山」駅・南海本線「和歌山市」駅から、和歌山バスで約10分「公園前」下車、徒歩すぐ

将軍を輩出した紀州徳川家の家系図

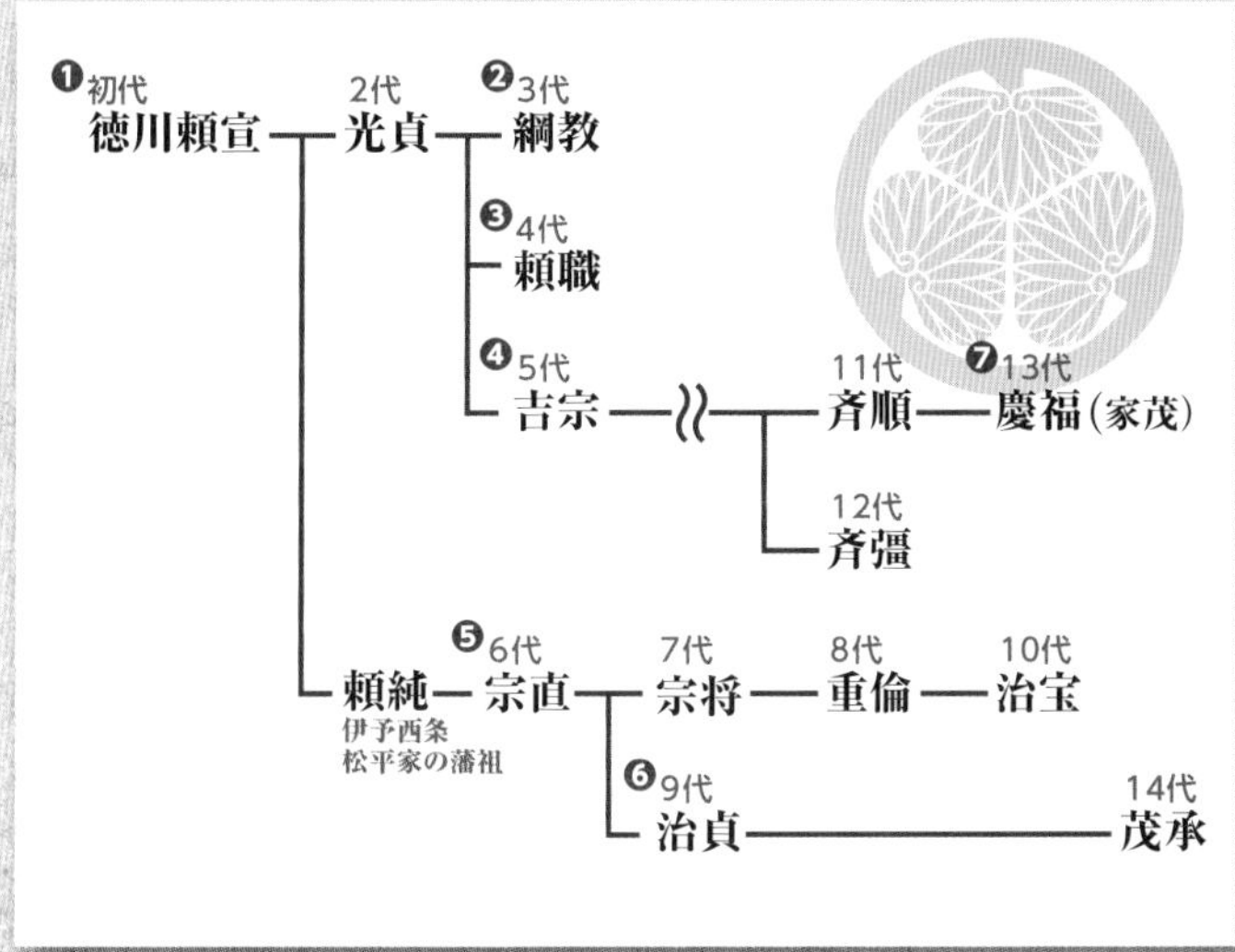

❶徳川頼宣
徳川家康の10男

❷綱教
5代将軍・綱吉の娘婿

❸頼職
26歳の若さで死去。その後を弟の吉宗が継いだ

❹吉宗
8代将軍。享保の改革で政治改革を実践した名君

❺宗直
支藩西条家からの養子。吉宗とは従兄弟の関係

❻治貞
「紀州の麒麟」と称された名君

❼慶福
13代将軍家定に一番近い血筋として将軍職に就く

御三家にふさわしい城に仕上げた頼宣

頼宣は御三家にふさわしい城にするために大拡張を行い、南の丸、砂の丸などの曲輪や庭園を造成する。浅野期に建てられた天守、小天守、櫓などを多門で結んだ連立式天守は、10代治宝により白壁に改められた。

しかし弘化3年（1846）に、落雷により天守、小天守、櫓などが焼失してしまう。当時の幕府の制度では、天守の再建は許されていなかったが、幕府と特別の関係があった紀州藩は再建を許されて、嘉永3年（1850）に竣工した。

明治34年（1901）に公園として公開され、その後、天守、隅櫓などが国宝に指定されたが、昭和20年（1945）の戦火によって再び焼失してしまう。昭和33年にコンクリート製の天守が再建された。

幕府から謀反の疑いをかけられた頼宣

和歌山城を御三家の名にふさわしい城に整備したのは紀州藩の藩祖・頼宣だが、実は増築は志半ばで断念している。その発端は、幕府の政治に批判的な軍学者・由井正雪《ゆいしょうせつ》が幕府転覆を企てた「慶安の変」にある。この企てが事前に発覚して正雪は自決するが、彼の遺品に頼宣の書状が見つかり、計画の関与が疑われたのだ。

そのため、頼宣は10年間、紀州に帰国できないばかりか、和歌山城を「総構え」にするという増築計画も断念せざるをえなくなったといわれている。

第2章
毛利輝元
福島正則

広島城

2人の大名が改易の憂き目に遭った城

10年の歳月をかけた広島城の築城

天正17年（1589）に、毛利輝元が築城したのが広島城の始まりである。それまでの毛利家の居城は吉田郡山城だった。この城は堅牢な山城であり、かつて尼子家2万人の軍勢に囲まれた時も、敵を翻弄し、挙げ句の果てに撃退したという軍事用には極めて優れた城だった。

しかし、天下は秀吉の手に収まり、政庁としての城、あるいは城下の発展を考えると、もっと便利な土地に築城しなければならなかった。そこで白羽の矢がたったのが、城下町整備にも海上水運にも便利で経済発展が望める、現在の広島城の地であった。

ただし、川の三角州に築城したため、地盤が弱くて石垣の分量を分散させるなどの工夫が施されたと伝えられている。築城には10年の歳月を要したことからも、難工事だったことが予測される。**当時の広島城の規模などははっきりしないが、秀吉の大阪城と遜色ないといわれていた**ことか

現在の広島城

天守
再建された5重5層の望楼型天守。江戸時代はこの大天守に2基の小天守が渡櫓で結ばれた連結式天守だった。

太鼓櫓と多聞櫓・平櫓
再建された櫓群。右から太鼓櫓、多聞櫓、そして左奥が平櫓だ。（写真提供：広島城）

表御門
多聞櫓や太鼓櫓と共に平成6年（1994）に再建された表御門。

DATA

広島県広島市
（安芸国）

指

安　平城

築城者：毛利氏、福島氏、浅野氏
築城年：1589年
アクセス：JR山陽本線・山陽新幹線「広島」駅から、広島電鉄市内線で約15分「紙屋町東」「紙屋町西」下車、徒歩約15分

正則の改易は幕府の陰謀か？

福島正則が改易された理由には、諸説ある。まず、幕府は豊臣恩顧の大名を改易させて磐石の態勢をとるためだったという説である。正則は蛮勇の逸話が多く、幕府に刃を向ける恐れがあるため、その芽を摘み取ったというわけである。

そしてもうひとつは、幕府内の権力争いに正則が巻き込まれたという説。正則が修理の願い出を本多正純《ほんだまさずみ》に申請していたが、対立する土井利勝《どいとしかつ》らが正純の信頼を失墜させるために放置していたというのだ。どちらが真相なのかは今もってわからないが、正則には災難としかいえない。

広島城の年表

- 1589年　毛利輝元が居城・吉田郡山城を廃城にし、太田川のデルタ地帯に広島を築城する
  - 毛利家 120万石の居城
- 1599年　10年の歳月をかけて広島城が完成
- 1600年　毛利輝元が関ヶ原の戦いに敗れ改易。代わって福島正則が入城
  - 福島家 49万石の居城
- 1615年　大阪冬の陣・夏の陣で豊臣家滅亡
- 1619年　城の修理で福島正則が改易の憂き目に遭う
  紀州から浅野長晟が転封される
  - 浅野家 42万石の居城

らも、毛利120万石の居城にふさわしい規模を誇っていたと考えられるだろう。

壊れた城を修理して改易させられた正則

広島城完成から間もなくして起こった関ヶ原の戦いで毛利家は敗れ、減封されて広島を去る。代わって入城したのが、49万8200石に加増転封された福島正則《ふくしままさのり》だった。しかし、この正則もやがて広島城を去ることになる。

大阪夏の陣によって主家・豊臣家が滅びた後の元和5年（1619）、正則は台風による水害で壊れた広島城の本丸、二の丸、石垣などを修理した。幕府は正則の城修理に対して、無断で修理したのは「※**武家諸法度**《ぶけしょはっと》」に違反すると罰したのだ。

改易後の石高はわずか4万5000石。戦国時代、加藤清正と並んで猛将と称された正則にとっては、寂しい晩年といえる。正則に代わって入城したのは、紀伊から転封した浅野家である。浅野家は明治時代まで改易をされることもなく、安芸を統治した。

浅野家時代の広島城は内堀・中堀・外堀のある約1キロメートル四方の巨大な城だったが、明治時代に外堀が、さらに第二次世界大戦では原爆の瓦礫で中堀も埋められ、現在の規模になった。天守も原爆投下で倒壊したが、昭和33年（1958）に鉄筋コンクリートの天守が再現された。さらに平成6年（1994）には、二の丸表御門や太鼓櫓、平櫓なども再建され、当時の姿を偲ばせている。

※武家諸法度　幕府が武家を統制するための法律で、参勤交代や大船建造の禁止などが制定された。

福岡城

黒田如水・長政親子が築城した城

DATA

福岡県福岡市
（筑前国）

指 重
江 平山城

築城者：黒田如水・長政
築城年：1601年
アクセス：市営地下鉄空港線「赤坂」駅下車、徒歩約5分

豊臣７将の関ヶ原の戦い後の加増比較

武将	戦い前	戦い後
黒田長政	豊前中津12万5000石	筑前福岡52万3000石
加藤清正	肥後北半国19万5000石	肥後52万石
福島正則	尾張清洲24万石	安芸広島と備後一部49万8200石
浅野幸長	甲斐府中21万6000石	紀伊和歌山36万6000石
池田輝政	東三河15万2000石	播磨姫路52万石
細川忠興	丹後宮津12万石と豊後杵築6万石の計18万石	豊前中津39万9000万石
加藤嘉明	伊予の一部10万石	伊予松山20万石

筑前福岡藩52万石の居城として築城

筑前福岡藩52万3000石の居城である福岡城は、黒田如水《じょすい》・長政《ながまさ》親子が築城した城として知られる。黒田家が歴史の表舞台に登場するのは、如水（当時は孝高）が播磨の豪族・小寺氏の家老だった頃である。播磨は毛利家と勢力を拡張する織田家の狭間にあり、どちらに属するかが生死を分ける選択になる。織田家を訪ねて、そこで出会ったのが秀吉だった。

それからの如水は秀吉の軍師として、毛利家との戦い、柴田勝家との主導権争い、四国・九州平定などで目覚ましい働きをする。しかし、働きの割には豊前12万5000石と所領は少なかった。隠居した如水の跡を継いだ嫡男の長政は、父親と異なり豪傑で知られる武将で、関ヶ原の戦いでは家康側について勲功を挙げた。また、隠居の如水も九州各地で西軍を撃破しその論功行賞で筑前福岡藩52万3000石を手に入れたのだ。

現在の福岡城

二の丸多聞櫓
江戸時代の建物が現存する多聞櫓。敵の侵入を防ぐために石垣に沿って櫓が長く延びている。

大手門
三の丸の西側にある再建された大手門。

(福岡市提供)

黒田如水像
豊臣秀吉の軍師として活躍した黒田如水の肖像画。秀吉の天下取りのために智謀を巡らせたが、あまりにも頭が切れるために晩年は秀吉から警戒されて遠ざけられたという。(崇福寺所蔵)

大守となった**黒田如水・長政は、慶長6年（1601）、福岡に築城を始める。**黒田家は江戸時代を通して改易にならず、福岡城は明治まで居城として使われた。

謎に包まれた福岡城天守の存在

築城地は博多と那珂川を挟んだ西側が選ばれた。ここは東側に那珂川、西側には干潟があり、これらを堀として活用することで防御性を高めたのだ。こうした地形を利用して築城された福岡城は、総面積25万平方メートルに及び、櫓も47基ある大城郭だった。

この福岡城で、謎とされてきたのが天守の存在だ。福岡城を描いた古い地図に天守が描かれていないため、長い間、幕府への遠慮から天守は築かれなかったとされていた。

しかし、最近になって長政が幕府に遠慮して天守を取り壊したことを記す手紙が発見された。この手紙が書かれた時代は、徳川家の大阪城を再建した時期に当たる。そのため、諸大名は天守を取り壊して築城資材として提供し、幕府の信任を得ようとしたのではないかという説もある。事の真相は定かではないが、福岡城が52万石にふさわしい城郭であることに変わりはない。

数多くの櫓があった福岡城だったが、明治時代に多くの建築物が解体、もしくは移築された。**現在の福岡城には、二の丸多聞櫓、伝潮見櫓などが現存**され、多聞櫓は嘉永7年（1854）再建にされた櫓で、国の重要文化財に指定されている。

プラスワン

浅野内匠頭（長矩）
大石内蔵助

忠臣蔵で有名な赤穂浪士たちの城

赤穂城

松の廊下事件を起こした浅野家の居城

赤穂には加里屋城があったとされるが、その築城年ははっきりしない。最初に記録として登場するのは、慶長5年（1600）に池田輝政の弟・長政が赤穂城の前身である大鷹城を築城したというものその後、池田家に代わって安芸浅野家の分家である浅野長直が正保2年（1645）に入城する。**長直は5万石の居城には似つかわしくない広大な城に大改築し、赤穂城と改名する**。ここでは、城名も変えた長直による大改築を築城年とする。

しかし、その数十年後、直直の孫の内匠頭（長矩）が吉良上野介を切りつけた「松の廊下」事件を起こしてしまう。この事件によって赤穂浅野家はお家断絶になり、赤穂浪士による吉良邸討ち入りを引き起こすことになる。この事件は、江戸時代から歌舞伎や浄瑠璃などで「忠臣蔵」という演目で上演され大人気を博し、その後も武士の忠義心を扱った物語として映画やドラマで

2つの流派の縄張を施した赤穂城

本丸門
平成4〜8年（1992〜96）にかけて再建された本丸門。高麗門と櫓門を組み合わせた桝形門で、本丸を守る防御性の高い門だったことがわかる。

大手門と三の丸隅櫓
往事の写真を基に昭和 30年（1955）に再建された２重２階の隅櫓と大手門。櫓の初重には破風付き出窓が設けられている。
（写真提供：赤穂市教育委員会）

DATA

指　江　平城

築城者：浅野長直
築城年：1648年
アクセス：JR赤穂線「播州赤穂」駅下車、徒歩15分

元禄赤穂事件の経緯

- 1701年（元禄14年） 殿中で浅野内匠頭が吉良上野介を切りつけた松の廊下事件が起こる
- 3月14日 翌日に浅野家の改易が決定
- 3月15日 赤穂藩に江戸の刃傷事件の報が伝わる
- 3月19日 赤穂城の大広間にて今後の対応についての会議が開催される
- 3月27日 大石内蔵助らが赤穂城を明け渡す。明け渡しの態度は見事だっと伝わっている
- 4月19日 大石内蔵助が山城国山科に隠遁する
- （元禄15年）7月28日 大石内蔵助と堀田安兵衛らが京都円山で会議し、討ち入りを決定する
- 11月 大石内蔵助が江戸入り。同士に吉良邸の動向を探らせる
- 1702年12月14日 吉良邸に四十七士が討ち入り、吉良上野介の首を挙げる
- （元禄16年）2月4日 赤穂浪士切腹

赤穂藩の歴代藩主

1615年～1645年
池田家………… **3万5000石**
政綱→輝興（2代）
※輝興が突然発狂し、正室などを殺傷。お家取り潰し

1645年～1701年
浅野家………… **5万3000石**（最大時）
長直→長友→長矩（３代）
※長矩が刃傷事件を起こし、お家取り潰し

1701年～1706年
長井家………… **3万2000石**
直敬（１代）
※信濃飯山藩に転封

1706年～1871年
森家……………… **2万石**
長直から12代続く
※12代165年間赤穂を統治した

も幾度となく放映されているのは周知の通りだ。

さて、赤穂城には浅野家のお家取り潰しの後、長井家が入城したが5年後には転封、その後に森家が入って明治時代まで12代続いた。

軍学の粋を集めた独特の縄張が特徴

特徴的なのが城の縄張。縄張は城の防御性を決めることから、戦国時代は軍師や武将が担当し、江戸時代になると兵法を研究する軍学者によって継承された。軍学で有名なのが甲州流と山鹿流である。

赤穂城は、**この二つの流派の縄張で造られた全国的に見ても珍しい城なのだ。**赤穂浅野家の初代藩主の長直の軍師・甲州流兵法の近藤三郎左衛門正純が縄張をしたのだが、築城中に山鹿流兵法の祖である山鹿素行を招いて意見を聞き、一部を手直しした。そんな経緯から甲州流と山鹿流の兵法の粋を集めた城として完成した。

この折衷縄張は、本丸と二の丸が輪郭式に配した上に、三の丸が梯郭式に置かれている。これらの工夫は鉄砲による銃撃戦を意識した設計だといわれ、城に侵入した敵に対して側面攻撃をしやすいように設計されている。

また、赤穂城は全国でもわずかしかない海城でもある。江戸時代には城外に海が迫っており、城の近くには入浜式の塩田も広がっていたという。

現在の赤穂城は、三の丸隅櫓や本丸門が再現され、往時の城の姿を伝えている。

第3章 昔の面影を残す城

壮麗な天守などの建築物を持つ、あるいは江戸時代の建物が現存するといった、美しい景観の城や文化財として貴重な城の魅力を取り上げます。

姫路城

松本城

竹田城

姫路城

世界遺産にも登録された白亜の城

美しい白壁にこだわった城

平成5年（1993）、奈良の法隆寺地域の仏教建造物と共に日本で初めて世界遺産に登録された。5層7階の大天守は3層の乾・東・西小天守を従えた壮麗な連立式天守。さらに複雑な縄張を施した城内には防御性を高めるために趣向を凝らした各門や櫓が数多くある。まさに城郭建築の粋を集めた日本を代表する城といえるだろう。

姫路城は別名「白鷺城《はくろじょう》」と呼ばれるように、大天守や小天守、櫓、門などすべての建築物の壁は美しい白色に仕上げている。これは何度も重ね塗りする白亜総塗込造《はくあそうぬりごめづくり》という技法を使って生まれたものだ。築城者の池田輝政が、これほど「白」にこだわった理由は、源氏の棟梁の旗色は白であったためといわれている。徳川家は源氏の血筋とされていたので、家康の娘・督《とく》姫を正室に迎えていた輝政は、姫路城を源氏の城として築城したのだ。

西国大名に備えた山陽道の要衝

姫路城は姫山と鷺山にまたがって築かれた城だが、この地には古くは赤松氏の城があり、そこに黒田孝高《よしたか》（如水）の父・重隆《しげたか》が入城した。孝高の時代に秀吉に明け渡し、播磨平定や中国侵攻の拠点にするべく大改修を施した。当時流行しつつあった石垣で城郭を囲み、さらに3層の天守も建築されたといわれている。同時に、城下町を整備し、山陽道が姫路の町を通るように改めるなど、姫路の発展に寄与した。

そして**関ヶ原の戦い後に入城した輝政は、秀吉時代の天守を解体して、大改築を行った。**工事に取りかかったのは慶長6年（1601）のこと。輝政は、織田信長の家臣で本能寺の変後には豊臣恩顧の大名として戦乱の世を渡ってきたが、家康の娘婿となってからは、大阪の秀頼との関係を絶って幕府寄りの大名として「鎮西将軍」と呼ばれた。石高は52万石だったが、子どもたちの所領高を合わせ

DATA

特 国 重
安 江 平山城

築城者：羽柴（豊臣）秀吉
池田輝政
築城年：1580年、1601年
アクセス：JR山陽本線・山陽新幹線「姫路」駅、山陽電鉄本線「山陽姫路」駅下車、徒歩約20分

複雑な縄張と美しい建築物が魅力の姫路城

広大な面積の内曲輪は、複雑な縄張を施して敵が簡単に本丸に攻め込めないように創意工夫がされていた。多彩な門も敵の侵入を防ぐために設けられた。ただし、姫路城は築城後に戦乱に巻き込まれることは一度もなかった。

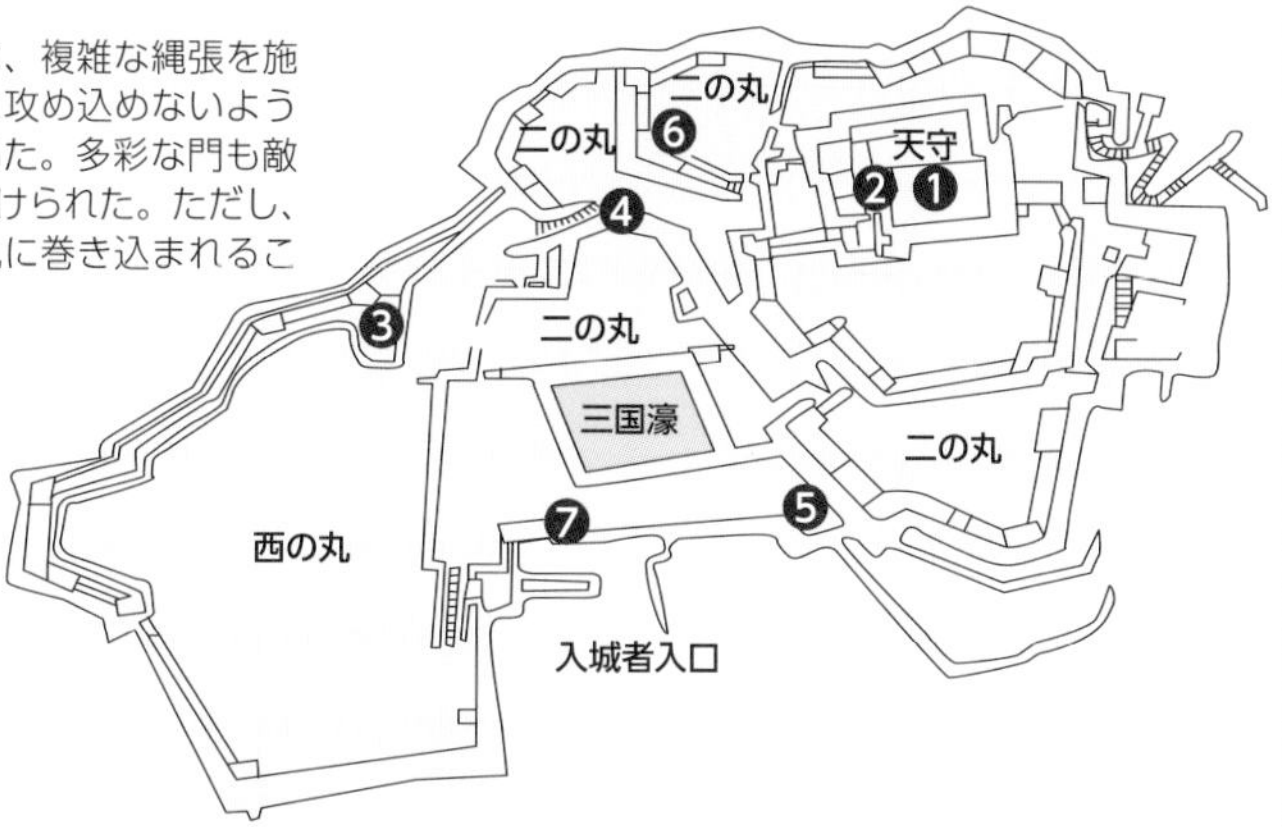

天守
壮麗な姿でたたずむ姫路城の天守。

化粧櫓
千姫の化粧料で造られた化粧櫓。

姫路城連立式天守
大天守と小天守が櫓で結ばれた連立式天守。左から乾小天守、大天守、西小天守になる。唐破風や千鳥破風など形状の異なる破風を組み合わせている。

はの門
「菱の門」より内側の門として警備に欠かせない役割を担っている。

るの門
埋門と呼ばれる門。城の防御性を高めた門の形状だ。

にの門
「はの門」を進むと「にの門」にぶつかる。この間は天守から遠ざかるようになる複雑な縄張が組まれている。

菱の門
二の丸と三の丸を隔てる門。伏見城から移築されたといわれる桃山時代風の建築物だ。

るると100万石に達し、鎮西将軍の名にふさわしい大領主として西国大名に睨みを利かす存在となった。**巨大な姫路城築城も**、大阪の秀頼への牽制と、山陽道の関門、山陰への入口に当たることから、**西国大名に対する備えと考えられる**。

規模も去ることながら、壮麗さによって日本を代表する名城となる姫路城だが、その背景には輝政の戦国武将としての生い立ちが影響している。輝政は、父・恒興と同じように信長の※**近習**《きんじゅう》として仕え、岐阜城や安土城などの築城ノウハウを学んだ。輝政自身も家臣団集落と城下町を囲む総構えの吉田城を築城した経験を持つ。しかも輝政は安土・大阪城築城を手掛けた大工・職人たちを召し抱えており、こうした専門家によって壮麗な姫路城は生まれたのだった。

複数の現存建築物が見所の名城

足掛け9年かけて築城した輝政の死後、元和3年（1617）に池田家は因幡国の鳥取に転封され、代わって譜代大名の本多忠政《ほんだただまさ》が城主となる。忠政の嫡男・忠刻《ただとき》は、家康の孫娘で豊臣秀頼の正室だった千姫の再婚相手である。その時の化粧料で西の丸が整備され、多聞櫓などが築城された。

その後、姫路城の城主は、松平氏、榊原氏、酒井氏などが頻繁に入れ替わった。しかし、本多氏以降の姫路藩は15万石前後の石高しかなく、大城郭の姫路城を維持するのは財政的にかなり苦しかったようだ。

明治を迎える頃になると姫路城は国有化され、昭和6年（1931）には国宝に指定された。明治以降、多くの城が取り壊されるなか、姫路城は往時の建築物の多くがそのまま残された珍しいケースといえるだろう。

現在の姫路城は、連結式天守をはじめ、西の丸の化粧櫓、各種渡櫓、さらには菱の門、ろの門、はの門などの各門など見所は豊富だ。とくに**連立式天守は、見る角度によって印象がまったく異なる**のが大きな特徴である。東から見ると厳しく、南からは優雅に、そして西から見ると壮大な印象を与える。

現在は大天守の保存修理工事中だが、平成26年（2014）にはお色直しをした大天守が楽しめる予定だ。

姫路城の年表

1346年	赤松氏が姫山に築城
1580年	羽柴（豊臣）秀吉が、黒田氏から姫路城を譲られて改修する
1601年	池田輝政が大改修を始める
1609年	大改修が終わる
1617年	本多氏が入城。西の丸を整備する
1639年	松平氏が入城
1649年	榊原忠次が入城。その後、松平氏、本多氏、榊原氏が城主になる
1749年	酒井氏が入城し、幕末まで治める
1931年	姫路城天守が国宝に指定される
1951年	新国宝に指定される
1993年	ユネスコの世界遺産に登録される

数字で見えてくる巨大城郭・姫路城

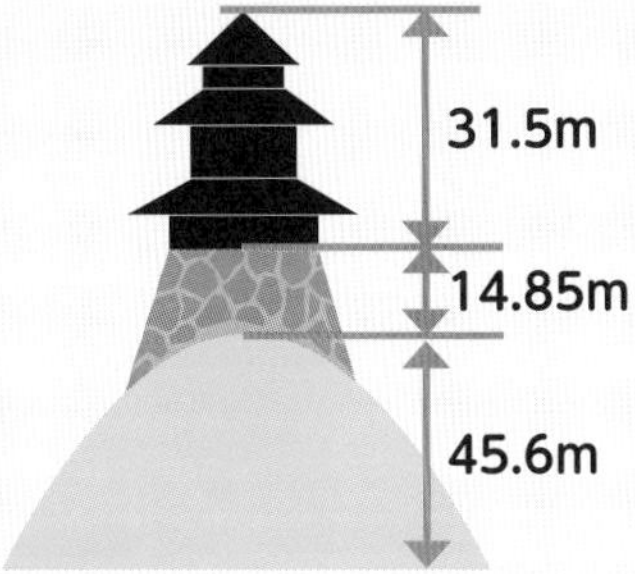

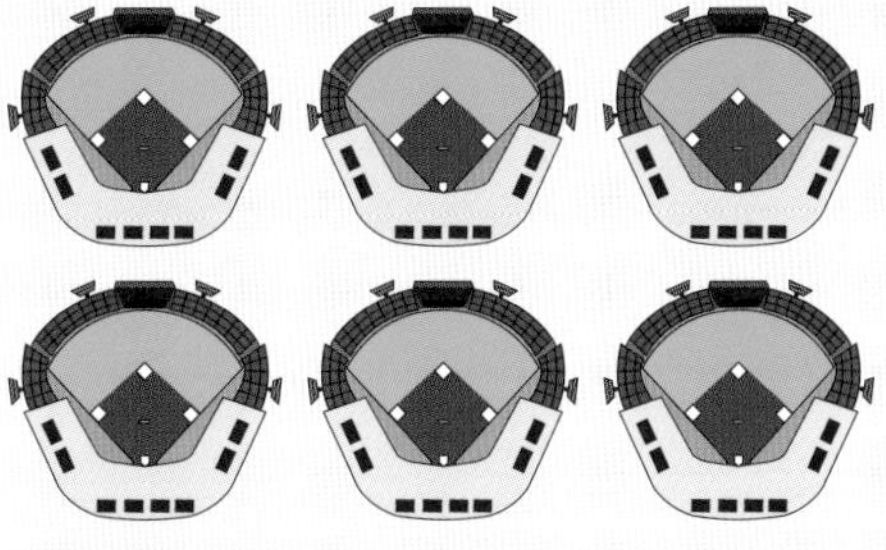

92m

姫山 45.6mの上に、石垣 14.85m、さらにその上に31.5mの天守が立つ。合計 92mの高さにもなる。

5.9倍

姫路城の内曲輪の面積は23ヘクタール。甲子園球場(スタンドを含む)の約5.9倍の広さになる。

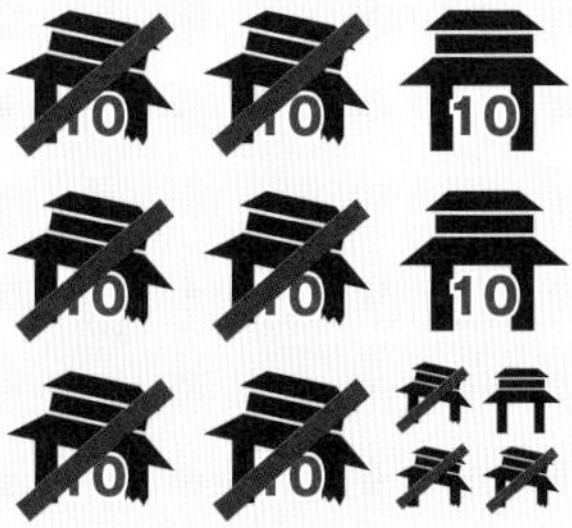

2500万人

輝政の姫路城築城は、足掛け9年になり、工事に動員された延べ人数は約2500万人と推定されている。

21/84

姫路城の門の数。江戸時代には84もの門があったが、現在はその内の21が残されている。

数々の伝説がある城

姫路城にはいくつかの伝説が残されているが、その中で有名なのが怪談噺として有名な「播州皿屋敷」だ。城の乗っ取りを諮った重臣の陰謀を暴こうと女中として潜り込んだお菊だが、密偵であることがばれ、皿をなくしたと濡れ衣を着せられて責め殺された挙げ句、井戸に投げ込まれた。

その井戸から毎夜、「１枚、２枚…」と皿を数えるお菊の悲しげな声が聞こえるようになったという噺だが、その「お菊の井戸」が姫路城内にある。他にも、姫路城に立ち寄った宮本武蔵が妖怪退治をした伝説も残されている。

※近習　主君の傍らに仕え、身の回りの世話から秘書的な仕事に関わる立場の武将。

第3章
漆喰の美しい城

美しい現存天守を備えた信濃随一の城
松本城

DATA

国 指
安
平城

築城者：石川数正・康長
築城年：1593～94年
アクセス：JR篠ノ井線「松本」駅から、バス「タウンスニーカー北コース」で約６分「松本城・市役所前」下車、徒歩約３分

石川数正・康長親子が築城した城

お堀の水面に映える均整の取れた黒い天守群が美しい松本城は、全国に現存する12天守のひとつである。なかでも5層の天守を持つ城は、松本城、姫路城のみで、文字通り、日本を代表する城郭建築といえる。

松本城の築城年代については諸説あるが、永正元年（1504）に、その前身である深志城が府中の武将小笠原《おがさわら》貞朝《さだとも》の一族島立貞永《しまだてさだなが》によって、築城されたのが始まりといわれている。その後、武田晴信によって小笠原家は滅ぼされ、林城を深志城と改称してここを北信濃侵攻の拠点とした。

その武田家も織田信長によって滅ぼされ、深志城は織田家の城となり、信長の死後小笠原貞慶《さだよし》が入城する。貞慶は、武田晴信によって信濃を追いやられた小笠原家の子孫で、深志城を拡張すると共に「松本城」と改称した。

しかし天正18年（1590）小田原の陣後、豊臣秀吉により石川数正《かずまさ》と息子の康長《やすなが》が信濃松本に配置された。数正は元々、家康の重臣だったが、秀吉の配下になった武将である。そんな経歴を持つ**石川親子は、中世城郭だった松本城を天守や石垣を持つ近世城郭に変えた**。ここでは、石川数正親子の築城年とする。

戦国期の城と太平の世の城の共存

石川家は8万石ながら豊臣家の権勢を示すためなのか、松本城を大城郭に仕上げた。姫路城や彦根城が白亜の城であるのに対して、松本城や熊本城が黒壁なのは、前者が徳川の城なのに対して、後者は豊臣系の城であることを示す。

しかし、石川家は江戸時代に入ると突然、幕府から改易させられてしまう。改易の理由は、縁戚関係のあった大久保長安を糾弾した**大久保長安事件**※に連座させられたこともそのひとつである。

石川家の後には、再び、小笠原家が入城するが、わずかな期間で戸田家に代わる。その後も、松平、堀田、水野、再び戸田家と譜代・親藩大名が入れ代わり立ち代わり入城して明治を迎えた。

現在の松本城

辰巳附櫓《たつみつけやぐら》
松平氏の時代に月見櫓と共に増築された辰巳附櫓。この増築によって他城では見られない松本城独特の絶妙の天守群バランスが生まれた。

乾小天守
大天守と渡櫓で結ばれた小天守。石川親子によって築城された天守で、武骨な印象を与える戦国時代の建築物だ。

月見櫓《つきみやぐら》
松平氏によって大天守の南東に突き出すように設けられた櫓。

大天守
唐破風や千鳥破風のある天守。１層目には四隅と中央に石落をつけている。また、下見板には防御性を高める狭間が多数設けられ、防御性を高めている。

石落《いしおとし》
天守に設けられた複数の石落。ここから石攻撃して敵の侵入を防ぐ。また、この石落の出っ張りが天守の安定感を引き出している。

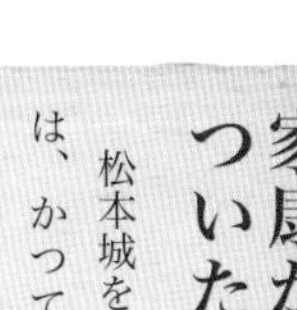

家康から秀吉についた数正

松本城を築城した石川数正は、かつて岡崎城代も務めた、徳川家臣団の中でも酒井忠次《ただつぐ》と並ぶ重臣だった。武骨な三河武士が多い徳川家臣団の中では外交に優れた武将として、秀吉との交渉窓口としても活躍した。

ところが、小牧・長久手の戦い後に、突然、出奔して秀吉の下についた。その理由は謎だが、徳川家にとっては軍事機密を知り尽くした数正の出奔は衝撃的で、これを境に軍制を武田流に変更したぐらいだ。

江戸時代の石川家の改易には、この事件に恨みを持つ徳川幕府が難くせをつけたものだという説もある。

※大久保長安事件　徳川幕府内で長安の政敵だった本多正信・正純親子によって、長安が公金横領の罪を着せられた事件。

なかでも松本城の増築を行ったのが、寛永10年（1633）に入城した松平直政《なおまさ》である。**直政は家康の孫に当たり、天守に辰巳附櫓や朱塗りの回縁をもつ月見櫓を付設**した。松本城は戦国時代の城らしく窓がほとんどなく、鉄砲用の狭間を多く設けている。そんな武骨なイメージの天守と平和な時代の開放的な印象を与える城へと変えたのだ。そこには松本城の豊臣色を払拭し、徳川色を強調させる狙いもあったのだろう。

また、松平氏をはじめ、幕府に近い大名家が続いたのは、松本が信府における重要な位置にあるばかりでなく、いざという時に松本城の堅牢さを頼りにしたとも考えられる。

5棟が国宝に指定された名城

江戸時代に多くの城が火事や落雷によって焼失するなか、松本城天守は災難に見舞われることもなく明治時代を迎えた。ところが、一時は競売にかけられ解体の危機に瀕することになるが、地元の有力者によって買い戻されて難を逃れた。打ち捨てられていた城は、瓦が落ち、漆喰が崩れるなどかなり傷んでいたが、修築資金を集めて修理にも着手。そんな努力の末、昭和11年（1936）に天守、乾小天守、渡櫓、辰巳附櫓、月見櫓の5棟が国宝に指定された。

さて、現在の松本城は往時の威容と美しさをそのまま伝えているが、中でも南西側のお堀から見た眺めは秀逸である。北アルプスを背景にした姿は、他城では見られない雄大な風景といえる。

また、松本城は石垣が低いのも大きな特徴だ。これは築城地が湿地帯にあるため高い石垣ができなかったためである。しかし、低い石垣と天守群が絶妙のバランスで保たれ、安定感にあふれている。

低い石垣という防備的なデメリットを軽減しているのが、大小天守の下部に複数設けられた石落だ。容易に敵が侵入できないように天守の四隅と中央部に設けている。しかも防御性を高めるばかりでなく、天守の安定性も確保した。まさに戦国時代の軍事拠点としての創意工夫と城郭建築の意匠の妙を実感できる名城といえるだろう。

天守の傾きがあった城

明治時代になると徐々に松本城の天守が傾き始めた。その傾きは時が経つにつれてひどくなる一方だった。

その原因について人々は江戸時代の百姓一揆・貞享騒動が原因だとささやいた。この騒動の首謀者として捕えられた多田加助が磔にされた時に、天守を睨んで絶叫したのだが、その祟りだと信じたのである。

しかし、真相は湿地帯という軟弱な地盤の上に、天守を支えるために16本の支柱を置いたのだが、それが老朽化して地盤が沈んだためである。この天守の傾きは明治から大正初期の大改修の際に修理された。

現存12天守の中でも貴重な形態を持つ松本城

	高さ	形式	構造形式
松本城	約25m	平城	連結複合式望楼型5層6階
姫路城	約31.5m	平山城	連立式天守望楼型5層6階地下1階
彦根城	約15.5m	平山城	望楼型3層3階地下1階
犬山城	約19m	平山城	望楼型3層4階地下1階
松江城	約22m	平山城	望楼型5層5階地下1階
弘前城	約14.5m	平山城	層塔型3層3階
丸岡城	約12.6m	平山城	望楼型2層3階
備中松山城	約11m	山城	望楼型2層2階
丸亀城	約14.5m	平山城	層塔型3層3階
松山城	約20m	平山城	連立式層塔型3層3階地下1階
宇和島城	約15.5m	平山城	層塔型3層3階
高知城	約18.5m	平山城	望楼型4層6階

松本城は現存 12 天守の中で唯一の平城だ。高さも姫路城に次ぐ約 25 mで2番目の高さを誇る。

松本城の復元建築物

太鼓門
平成 11 年（1999）に復元された太鼓門。堅牢な門構えだったことがわかる。

松本城の城主変遷

1582年 小笠原貞慶	織田信長が本能寺の変で倒れ貞慶が入城する。深志城を松本城に改名
1590年 石川数正	8万石の大名として入城する。その後、松本城の築城に取りかかる
1598年 石川康長	大天守をあげる
1613年 小笠原秀政	石川康長が改易になり、小笠原秀政が入城
1617年 戸田康長	戸田が入城し、その後、康直が跡を継ぐ
1633年 松平直政	松平直政が入城。1636 年には辰巳附櫓と月見櫓を増築
1638年 堀田昌盛	松平直政の移封により、堀田正盛が入城
1642年 水野忠清	堀田正盛の移封。水野忠清が入城。その後、水野家は5代続く
1726年 戸田光慈	戸田光慈が入城。翌年、本丸御殿が焼失。その後､8代にわたり戸田家が城主となり、明治時代まで続く

城郭国宝第1号に指定された名城 彦根城

堅牢性と優雅さを兼ね備えた城

琵琶湖湖畔にある高さ50メートルの金亀《こんき》山に現存天守がそびえる彦根城は、明治の廃城令や第二次世界大戦の戦火を免れ、江戸時代の壮麗な姿をそのまま今に伝える名城だ。**城郭国宝第1号に指定された城として知られる**。

彦根城が名城といわれる理由はいくつかある。まず、平山城だが、山城の縄張を施していること。山城には尾根の両端に曲輪を配して本丸を守る縄張が多く見受けられるが、彦根城は平山城ながら西の丸、鐘の丸を置いて本丸を守る並列式の縄張が施され、さらにその外側を水堀が2重に囲んで堅牢性を高めている。地形を存分に活かした縄張の妙が、彦根城の価値を高めているのだ。

もうひとつの名城のいわれは、天守をはじめとした建築物の装飾性にある。**彦根城の天守の様式は望楼型複合式天守**になり、付櫓と多聞櫓を付属させた様式が防備を固めると同時に、角度によって異なる表情を見せている。

付櫓や多聞櫓が附属しているために角度によって様々な表情を見せてくれる。しかも軒唐破風と切妻破風などで、一層、城の表情に変化を与えているのだ。

さらに窓は初層が突き上げ戸を持つ無骨な**武者窓**※、2層と3層は優美な**花頭窓**《かとうまど》※と異なる様式を施し、3層には高欄も設けている。これらの意匠は少々古めかしい印象を与えてはいるが、それもまた彦根城の魅力のひとつとなっている。

「赤備え」の直政

戦国時代、具足や旗指物を赤で染めた部隊を「赤備え」と呼び、武勇に秀でた武将が率いた精鋭部隊のみが使用した。古くは武田軍の猛将・飯富《おぶ》虎昌《とらまさ》が使用したことで知られ、井伊直政の部隊もまた、真っ赤に染めた武具を身にまとって、小牧・長久手の戦いなどで先鋒を務め、敵軍から「井伊の赤鬼」と恐れられたという。この直政の武勇を頼りに家康はもっとも重要な近江を任せたのだろう。

DATA

滋賀県彦根市
（近江国）

国 指 重

江

平山城

築城者：井伊直継・直孝
築城年：1603年
アクセス：JR東海道本線「s彦根」駅下車、徒歩約15分

彦根城の縄張と見所

縄張は並列式で天守を真ん中にして、左右の尾根に西の丸と鐘の丸を配置。平山城ながら堅牢性は高い。

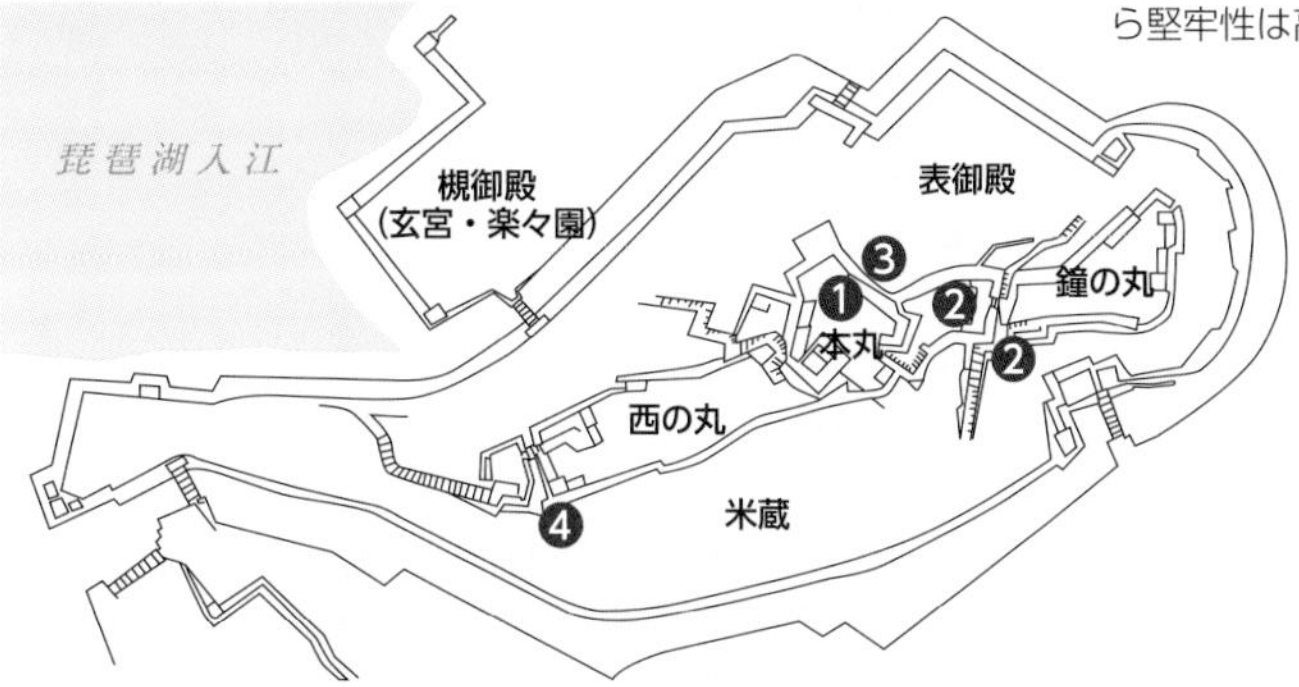

天守
望楼型複合式の天守。見る角度によって様々な表情を見せてくれる。大津城の天守を移築したという。

天秤櫓と廊下橋
橋を中央にしながら、左右対称に建てられた天秤櫓。現在は架け橋のみだが昔は屋根がついた廊下橋だった。

太鼓門（櫓）
本丸への最後の関門に当たる門。名前から示す通り登城合図の太鼓が叩かれていた。

西の丸三重櫓
西の丸の一番はずれにある櫓。

佐和口多聞櫓
彦根城の搦手門に当たる佐和口門を守る多聞櫓。

※武者窓と花頭窓　武者窓は太い縦や横の格子の入った窓。一方、花頭窓は窓の上枠を曲線にして花形などをあしらった装飾性あふれる窓。

指折りの名将を重要拠点に据える

彦根城の建設が始まったのは、江戸時代初期の慶長8年（1603）。この年、徳川家康は征夷大将軍に任ぜられ江戸幕府を開いた。これで家康は名目上も天下を手中にしたが、一大名となったとはいえ大阪の豊臣家は健在で、西国には豊臣恩顧の大名が数多くいた。そんなに**西国に目を光らせ、万一の場合に備えた城を造る必要があった**。

その最前線が大阪や京都に近い近江である。軍事上、**もっとも重要な地を守らせたのが、家康が信頼していた家臣・井伊《いい》直政《なおまさ》**である。関ヶ原の戦い後に、家康は直政に石田三成の居城だった佐和山城と18万石の領地を与えた。

佐和山城は中山道と北国街道の分岐近くにある重要拠点だったが、標高232メートルの山城のため政務には適さない。しかも麓は城下町を建設するにも土地が狭い。そこで佐和山に近い現在の金亀山に目をつけたのだ。

近江中の城を解体し彦根城を築城する

直政は、彦根城の計画を練るが築城前に病死してしまう。後を引き継いだのが息子の直継《なおつぐ》である。

実は**彦根城築城の材料の多くは他城から寄せ集められた**といわれている。石垣は佐和山城をはじめ安土城、長浜城、近江八幡城などの石材を利用。石垣のみならず、建築物も数多く移築された。佐和口多聞櫓は佐和山城のものを移築し、天秤櫓はかつて秀吉の居城だった長浜城、三重櫓は小谷城、天守さえも大津城のものが利用されている。ちなみに大津城は、関ケ原の戦いの時に東軍に属した京極家の居城であり、西軍に総攻撃を受けたが焼け落ちなかった「縁起の良い城」だったため、彦根城に移築されたという。

彦根城築城には、12の大名が担当した。いわゆる天下普請であるが、江戸城、名古屋城、駿府城など**徳川家以外の城で、天下普請が行われるのは非常に珍しい**。それだけ彦根城が江戸幕府にとって重要な拠点だったという証だろう。

譜代大名の中で最高の石高を誇る

2代直継は病弱で、大阪の陣で参陣できずに直勝と改め

15代彦根藩主・井伊直弼

幕末に尊皇攘夷派を次々と処罰した安政の大獄。この大獄を引き起こした大老・井伊直弼《なおすけ》は15代彦根藩主でもあった。

直弼は11代藩主・直中の14男として生まれたが、兄や甥が相次ぎ死去したため幸運にも藩主になる。その8年後には大老にまで上りつめた。

大老就任後は、幕末の動乱期に保守的かつ強権的な政治で治安を守ろうとし、尊皇攘夷派から反感を買い、周知の通り、桜田門外の変により暗殺されてしまう。直弼の弾圧政治が「幕府滅亡の遠因をつくった」という意見もあれば、「開国を断行して日本を救った」ともいわれており、現在も評価が分かれている人物である。

彦根藩の歴代藩主

初代・直政
〔従四位下・兵部大輔〕**18万石**
直継〔従四位下・兵部大輔〕→安中藩へ

2代・直孝
〔正四位上・左中将〕
15万石から35万石に加増

3代・直澄
〔従四位下・掃部頭、左少将 **大老**〕

4代・直興
〔正四位上・掃部頭、左中将 **大老**〕

5代・直通
〔従四位下・掃部頭、侍従〕

6代・直恒
〔従四位下・掃部頭、侍従〕

7代・直治のち直該
〔正四位上・掃部頭、左中将 **大老**〕
4代・直興が再封

8代・直惟
〔従四位下・掃部頭、左少将〕

9代・直定
〔従五位下・掃部頭〕

10代・直禔
〔従五位下・掃部頭〕

11代・直定
〔従五位下・掃部頭〕　再封

12代・直幸
〔従四位下・掃部頭、侍従 **大老**〕

13代・直中
〔従四位下・掃部頭、侍従〕

14代・直亮
〔従五位下・掃部頭 **大老**〕

15代・直弼
〔従四位下・掃部頭、侍従 **大老**〕

16代・直憲
〔従四位上・左近衛権中将〕

井伊家の歴代藩主は江戸幕府において重要な役職に就いている。幕府の最高職である大老を6人も輩出するなど、譜代大名の中でも名門中の名門だった。

彦根城築城に利用された城

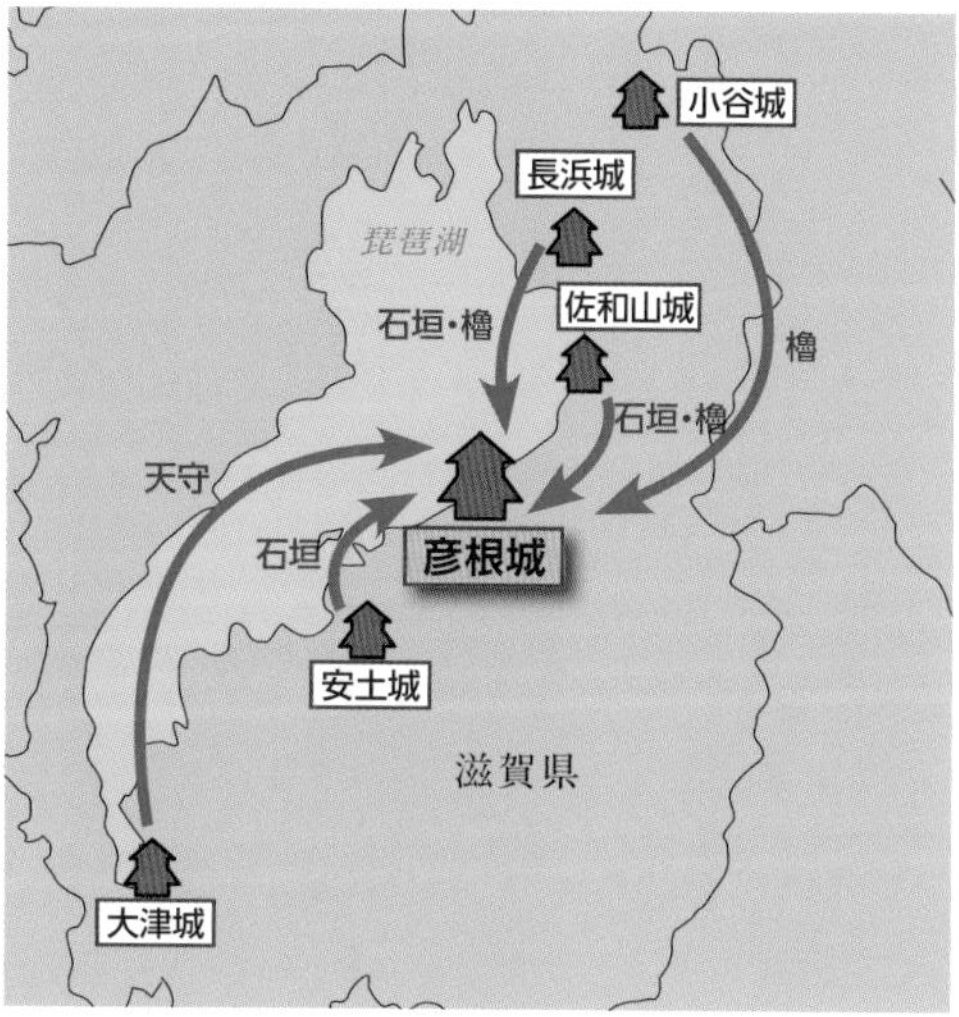

近江中の城から、石や建築物を集めて彦根城は造られた。まさに徳川の威信をかけて築城された城である。

て安中藩に移封となった。直継に代わって**弟の直孝《なおたか》が2代目藩主**となった。直孝の代に**大阪夏の陣の功績により加増が認められ、当初の倍に近い35万石の大名になった。**石高の少ない譜代大名にとっては破格の待遇といえ、徳川家の井伊家に対する信頼の高さがうかがい知れる。譜代大名の中で最大の大守となった井伊家は、歴代藩主が何人も大老を務めるなど、江戸幕府を長年にわたって支えてきた。

彦根城の天守は3層しかなく、35万石の大守にしては小ぶりだ。35万石を超える大名の居城は5層天守があってもいいはずなのだが、彦根城は18万石当時に建てられたためである。もちろん、小ぶりではあるが、江戸初期の建物群が残る稀有な城であることに違いはない。

第3章
津軽氏の居城

東北で唯一の現存天守
弘前城

夢と現実が交錯する津軽氏歴代の居城

津軽氏の始祖・大浦《おおうら》為信《ためのぶ》(後の津軽為信)は、青森・岩手に勢力を誇った南部氏の家臣であったが、元亀2年(1571)に南部氏の津軽支配の拠点であった石川城を攻撃して滅ぼし、南部氏に反旗を翻した。その志を継いだ息子の**津軽信枚《つがるのぶひら》が慶長16年(1611)に築城したのが弘前城である。**

石垣に囲まれた本丸には3層の櫓が3基、土塁ながら二の丸には2層の櫓が5基、三の丸および付属の郭を3重の堀で囲んでいる。4万7000石の遠国大名の城としては、他に類を見ない大規模な城郭といえる。

築城した際には、天守は5重で本丸西南隅に建てられていたが、寛永4年(1627)に落雷で焼失した。文化7年(1810)に本丸の辰巳櫓(南東隅櫓)を3重に改築して、文化8年に3重3階の天守代用とした。3層にしたのは、石高を考慮したのか、あるいは江戸幕府への遠慮なのかは不明である。切妻破風など装飾

数字で知る弘前城

612×947m

弘前城の創建当初の規模は、東西612m、南北947m、総面積38万5200㎡に及んだとされる。堀、石垣、土塁など城郭の全容が廃城時の原形を留めている。東京ドーム8個分、犬猿の仲であった南部氏の盛岡城の5倍もの面積を有する広大な城郭である。廃城後、弘前公園(約49万2000㎡)として市民や観光客に親しまれている。

約2600本以上

正徳5年(1715)に津軽藩士が京都から25本の苗木を持ち込み、城内に植えたのが弘前城の桜の始まりと伝えられている。現在の弘前公園には、明治15年(1882)にソメイヨシノ1000本、明治30年に再び1000本が植栽され、現在では、約2600本を超える桜の名所として知られている。

DATA

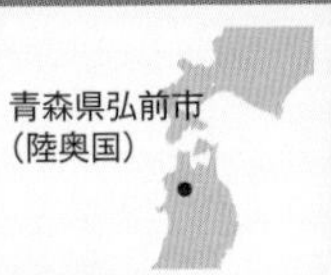

指 重 江 平城

築城者:津軽信枚
築城年:1611年
アクセス:JR奥羽本線「弘前」駅から、弘前バスで約15分「市役所前」下車、徒歩すぐ

江戸時代の建築物が見所の弘前城

天守

築城当時の天守は本丸西南に５重の建物であったが、僅か20年で落雷により焼失。本丸唯一の現存天守閣は、焼失した５重天守の代用として、本丸辰巳櫓を文化７年（1810）に層塔型３重３階に改修し、文化８年に完成した御三階櫓である。

三の丸追手門

通常の城の正門「大手門」に当たるのが弘前城の三の丸追手門である。参勤交代に使う参勤道として碇ヶ関（いかりがせき）街道が造られてから追手門が正門になった。門の両脇が土塁であり、一の門に当たる高麗門も設けていないことなどから、城門の中でも古い形式の櫓門として注目されている。

的な城外側と、窓だけの城内側で趣を変えている。

高さは約14メートルで、現存する３重天守の中では、最も低い天守である。また、弘前城の天守は、全国の現存する12天守の中で、最も北に位置する天守である。

桜の名所で知られる往時の姿を留めた

築城４００年を迎えた弘前城は、正徳５年（１７１５）に藩士が植えたのが始まりとされる桜の名所でもある。樹齢１００年を超えるソメイヨシノが３００本以上あり、毎年、見事な花を咲かせている。また、**東北で唯一の現存天守を持ち、東北の桜の名所としても知られ**、犬猿の仲といわれる南部氏と戦った往時の姿を留める重厚な城郭といえる。

南部氏に反旗を翻し、独立した策士・津軽為信

南部氏の家臣であった津軽為信は、戦国末期に南部氏の支配地であった津軽地方の拠点である石川城を攻撃し、落城させた。その後、豊臣秀吉に関白の座を譲ったばかりの近衛前久《このえさきひさ》と面談し、形式的に前久の子（猶子）として認められ、関白豊臣秀吉と義兄弟となった。秀吉から津軽の領地を認められたのを契機に、姓を津軽と改名した。以来、南部氏との対立が続き、為信の跡を継いだ信枚が弘前城を築城し、石川城は廃城となった。

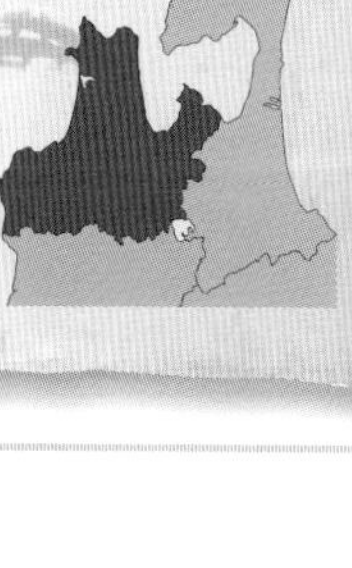

第3章
南部氏の本城

盛岡城

二つの「はんらん」を克服した美しき堅城

奥州仕置を機に築城された北の要塞

盛岡藩主南部信直《なんぶのぶなお》・利直《としなお》父子が築城した盛岡城は、二つの「はんらん」を克服した南部氏の要塞である。

一つ目は、九戸政実の乱に代表される同族や豪族の「反乱」である。事の始まりは、天正18年（1590）に、三戸（青森県三戸町）を居城としていた信直が、豊臣秀吉の小田原攻めに参陣。その後、※**奥州仕置**により、領地7郡の領有を認められる。しかし、南部氏の領地の一部は、小田原攻めに参陣しなかった奥州の豪族の領地で、奪われた豪族たちが蜂起した。その中でも天正19年、九戸城（岩手県二戸市）を拠点とする九戸政実の乱は、秀吉の援軍により鎮定された。信直は三戸城から九戸城に移り、福岡城と改めて居城した。その後、**戦国時代の不来方《こずかた》城（淡路館・慶善館）が存在した地に盛岡城の築城を決意**し、慶長3年（1598）から築城が始まった。しかし翌年に信直は没し、その志は、利直に受け継がれ

東北の名門・三戸南部氏の系譜

- 20代 信時
  - 21代 信義 ― 北致愛 ― 北信愛 ― 北愛継 ― 北宣継
  - 22代 政康
    - 23代 安信 ― 24代 晴政 ― 25代 晴継 ― 28代 重直
    - 石川高信
      - 26代 南部信直 初代盛岡藩主 ― 27代 利直 2代盛岡藩主 ― 29代 重信 ― 30代 行信
      - 石川政信

DATA

指 安 平山城

築城者：南部信直・利直
築城年：1597～98年
アクセス：JR東北新幹線「盛岡」駅から、バスで約10分、徒歩で約15分

東北地方では珍しい美しい石垣が魅力の盛岡城

本丸東御末門付近 ほんまるひがしおすえもんふきん
本丸御殿は寛永11年（1634）に落雷で焼失した。歌人石川啄木が「不来方のお城の草に寝ころびて空に吸はれし十五の心」と詠んだのが盛岡城である。

腰曲輪南西部 こしぐるわなんせいぶ
白御影石（花崗岩）を積み上げた石垣は、土塁の多い東北の城の中では異彩を放つ。城跡は、盛岡城跡公園（岩手公園）として親しまれている。
（写真提供：盛岡市教育委員会）

たのである。

不来方から盛岡へ 総石垣の名城に昇華

二つ目の「氾濫」は川である。現在の北上川は東に移されたので想像しにくいが、盛岡城が築城された不来方は要害の地である旧北上川と中津川の合流地点であった。

総石垣に囲まれた城郭が完成するのは、着工から35年を経た寛永10年（１６３３）のことである。**東北の三名城と称される盛岡城の特徴は、盛岡御影石（花崗岩）の石垣にある。**築城当初の本丸や二の丸の一部では花崗岩の野面石《のづらいし》（自然石）を多く用い、江戸時代初期の腰曲輪《こしぐるわ》石垣には白御影石（花崗岩）の割石《わりいし》が、17世紀後期に整備された二の丸の西側石垣や三の丸北側石垣の角石《すみいし》は鑿《のみ》で整形され、石材同士で切り組んだ箇所が見られる。完成まで35年を要した盛岡城は、異なる年代の様々な石垣を観賞できる。

南部氏の拠点の変遷

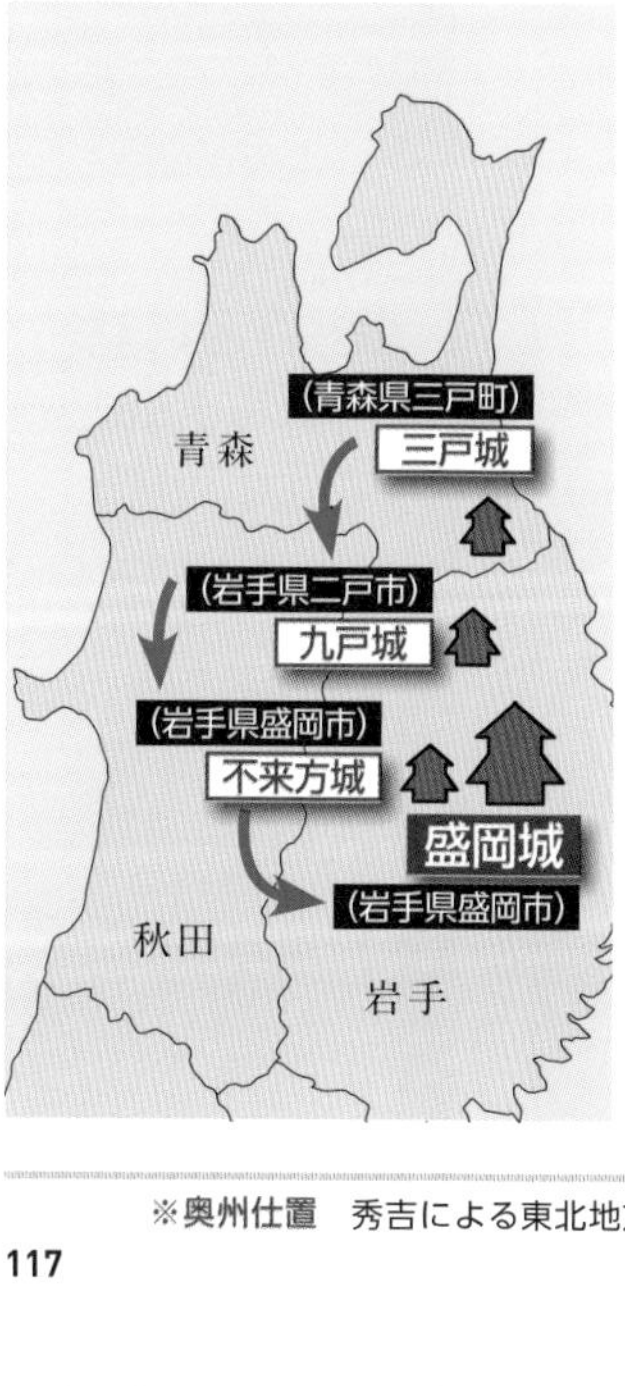

※奥州仕置　秀吉による東北地方の大名の領地配置のこと。

甲府城

時代と対峙した城主不在の城

武田氏滅亡後の重要な戦略拠点

甲斐国の政治的中心地は、戦国期から甲府であった。その甲府にある城は、古くは甲斐府中城、一条小山城、舞鶴城、赤甲城などと呼ばれていた。

戦国時代に甲斐を領した武田信玄は外部への進出に際しては、数々の城を築城しているものの、甲斐では館づくりの平城を本拠にしていた。

武田家の滅亡後、天正10年(1582)甲斐国は、織田信長の領国となり、本能寺の変の後は徳川家康の支配下となり、平岩親吉が城代として、甲府城築城に取りかかった。

その後、天正18年に豊臣秀吉が天下を統一すると、秀吉の命により甥の羽柴秀勝、腹心の加藤光泰らにより築城が進められ、浅野長政・幸長父子によって完成した。

慶長5年(1600)の関ヶ原の合戦以降は、再び徳川の城となり、幕末まで存続する。このように甲斐国にある甲府城は、短期間に支配者が交代した稀有な城である。

現在の甲府城

舞鶴城公園
甲府城は、築城当初は甲斐府中城と呼ばれていた。江戸中期には、鶴が羽を広げた形に似ていることから舞鶴城とも呼ばれる。現在は、城跡の一部が「舞鶴城公園」として開放されている。

DATA

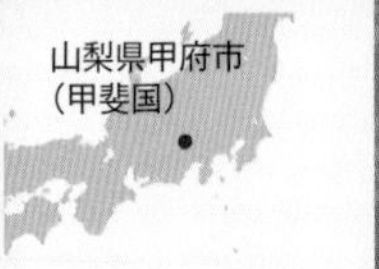

築城者：平岩親吉
浅野長政など
築城年：1583年
アクセス：JR中央本線「甲府」駅下車、徒歩約5分

甲府城の年史

1582年	本能寺の変 徳川家康が入国し、平岩親吉が城代
1590年	豊臣秀吉、天下統一。家康、関東へ移封 羽柴秀勝(豊臣秀吉の甥)が 甲府城主
1591年	羽柴秀勝岐阜へ移封。加藤光泰が城主
1592年	文禄の役、加藤光泰朝鮮へ出兵
1593年	加藤光泰、陣中にて病没 浅野長政・幸長が城主
1597年	慶長の役
1600年	関ヶ原の戦い
1601年	徳川家康の命により平岩親吉が再度城代
1603年	徳川義直(家康の９男)が城主(城代は平岩親吉)
1607年	徳川義直、清洲へ転封(城代平岩親吉は犬山へ転封) 城番制が設置
1615年	大阪夏の陣(豊臣氏滅亡)
1616年	徳川忠長(秀忠の２男)が城主
1632年	忠長死去。再び城番制
1661年	徳川綱重(家光の３男)が城主
1664年	半世紀ぶりの大修理
1678年	徳川綱豊(綱重嫡男)が城主
1704年	徳川綱豊、第5代将軍との養嗣子縁組により江戸城へ移る
1705年	柳沢吉保が甲斐国を受領、大名領となる
1706年	城内の曲輪修復や殿舎の造営が行われる
1724年	柳沢吉里(吉保嫡男)、大和郡山へ転封 甲斐国一円が天領となる、甲府勤番の設置
1727年	甲府城大火(本丸御殿、銅門などを焼失)

将軍家一門から吉保へ

江戸に向かう甲州街道の要所でもある甲府城は、３代将軍徳川家光の3男の徳川綱重《つなしげ》が城主になるなど、将軍家にとって特別な城である。綱重の子で一度は養子として新見正信に預けられたこともある綱豊《つなとよ》が、５代将軍綱吉の養嗣子となり、6代将軍徳川家宣《いえのぶ》となった。甲府城は、綱吉の側用人として権勢を振るっていた柳沢吉保《よしやす》が、それまで徳川家親族だけで封じられていた甲府藩主に任じられ、甲府城に入城する。吉保は、本丸御殿や三階櫓などを改修し、甲府城を近世城郭に整備した。

天守台石垣
浅野長政の時代に天守閣が建てられたといわれている。野面積の石垣が、甲府城の歴史を彷彿させる。

鍛冶曲輪門《かじくるわもん》
本丸の南側にある鍛冶曲輪への入口となる。石垣や土塀、四脚門が1996年に再建されている。

3尾の鯱を頂く、全国で唯一の城
新発田城

DATA

重
安
平城

築城者：溝口秀勝・宣勝・宣直
築城年：1598年
アクセス：JR羽越本線「新発田」駅下車、バスで約5分、徒歩で約20分

城主の変遷が物語る戦国の処世術

新発田城は、時期は明確ではないが、鎌倉御家人佐々木盛綱の一族である新発田氏が築城したといわれている。新発田氏は独立した武将であったが、戦国時代に頭角を現した上杉謙信に従う。しかし謙信の死後、新発田重家は織田信長と通じて上杉景勝に対して反乱を起こした。天正15年（1587）景勝により新発田城は落城して、新発田氏は滅亡した。

その後、上杉氏の会津転封に伴って慶長3年（1598）、越後に入封した堀秀治の与力大名であった溝口秀勝が、越後蒲原郡6万石の所領を得て新発田に入封する。

秀勝は、新発田藩領内を統治するための拠点を、大小の**河川を利用した交通の要所になる旧新発田城跡を選び、新発田城の築城を始め**た。新発田城が完成するのは、その50年後の承応3年（1654）3代宣直《のぶなお》の代である。そして12代直正に至るまで、溝口家の居城となった。

五角形の本丸と比類なき鯱の活用術

新発田城は、加治川の流れを利用した**典型的な平城である**。別名「菖蒲城《あやめじょう》」「浮舟城」といわれるように、周囲は低湿地帯であった。南北に細長い瓢箪《ひょうたん》型をした特徴的な縄張で、南端にある三の丸と、本丸や二の丸といった主要建物を連結式でつなぎ合わせ、戦国時代の本丸（古丸）とつながっている。

五角形の本丸には、天守の代用とされた屋根が丁字型をした御三階櫓が築かれた。**屋根には3尾の鯱を配する独特のもので、全国で唯一の櫓**である。これは、二の丸に侵入した敵に、鯱は2尾と誤って認識させ、本丸は四角形と思わせるための仕掛けである。

3尾の鯱以外にも、枡形門や二の丸などの石垣には、石同士の接合部分を隙間なく加工して積み上げる工法が用いられている。また、本丸表門は防火用に多用されているが、冬の湿気から城壁を守る効果も高いなまこ壁の腰壁など、様々な工夫が施されている。

瓢箪型の縄張が特徴的な新発田城

本丸表門

元禄13年(1700)の建造で、国の重要文化財になっている。腰壁がなまこ壁になっているのが特徴である。

御三階櫓

平成16年に復元された天守代用の櫓。丁字型の屋根に3尾の鯱を配する全国で唯一の櫓である。

隅櫓

かつて二の丸に建造された二重櫓を、現在は本丸の鉄砲櫓跡に移築保存している。腰壁になまこ壁を用いた櫓である。

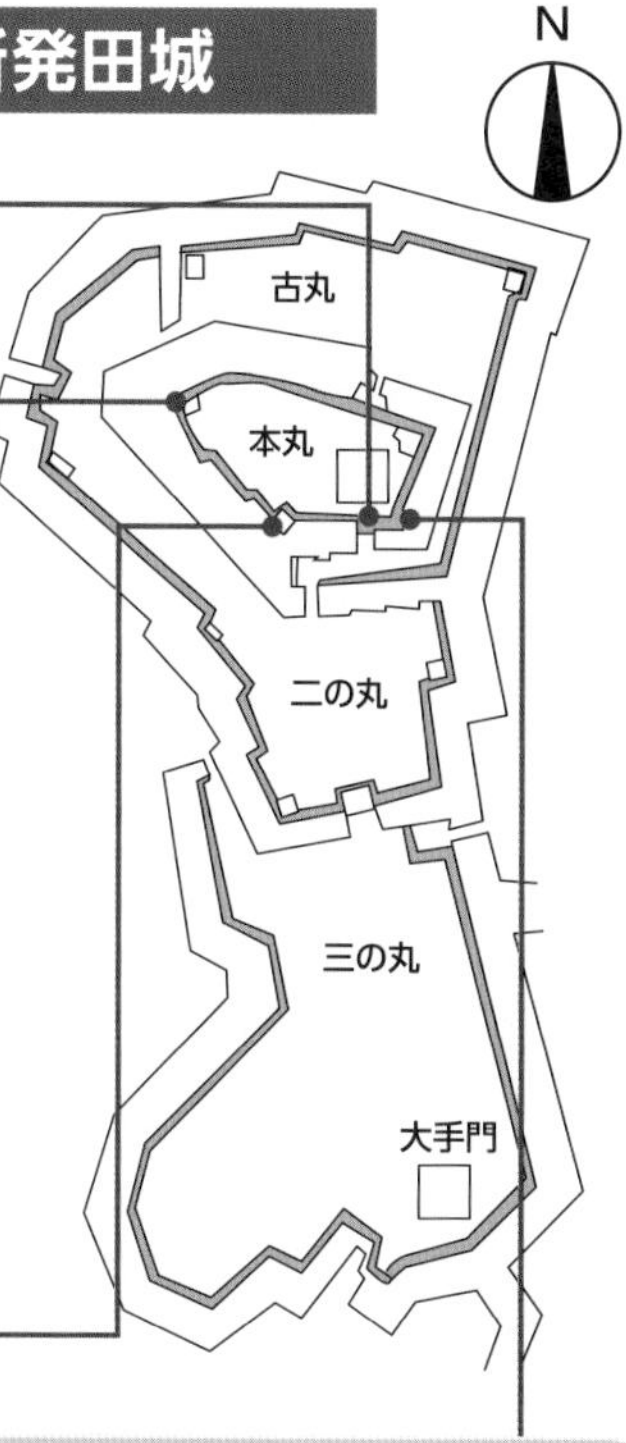

辰巳櫓

御三階櫓と共に平成16年に復元された櫓である。本丸表門の右側に再建されている。

(新発田市教育委員会提供)

機を見るに敏な溝口氏

戦国時代の世渡り上手ともいわれる溝口秀勝は、機を見るに敏な現実主義者といえよう。元々、織田信長の重臣であった丹羽長秀の家臣だが、豊臣秀吉政権の下で秀勝は大名となり、加賀大聖寺《だいしょうじ》城主となる。

その後、慶長3年(1598)領主・堀秀政の息子である秀治が春日山城に移封されると、秀勝も合わせて新発田藩に転封され、新発田城主になる。関ヶ原の戦いでは徳川家康につき勝利し、所領を安堵される。

織田・豊臣についた大名で、関ヶ原から明治維新まで所領を安堵されたのは極めて稀なことである。

第3章
別名
「霧ヶ城」

江戸府城一の標高を誇る山城
岩村城

歴史と標高を誇る日本三大山城の古城

岩村城の特徴は、鎌倉時代から廃城となった明治までの約700年にわたる城の歴史と、本丸が標高717メートルの山頂に位置するという、日本三大山城の1つにも数えられている立地にある。

文治元年（1185）に、鎌倉幕府初代将軍である**源頼朝の重臣であった加藤景廉《かげかど》が、遠山荘地頭に補されたことが岩村城の始まり**である。景廉の長男の景朝が岩村に転居すると加藤から遠山に改名、戦国時代に至るまで居城し、この地を治めた。

景朝が赴任した鎌倉時代中期の遠山荘は、現在のような山城ではなく平坦な場所に築かれた砦や城館でしかなかった。しかし、戦国時代の末期の頃から変貌を遂げていく。その皮切りとなったのが、遠山景任が城主の時に勃発した岩村城の戦いだった。ここで勝利を収めた武田の家臣秋山信友が城主となる。しかし、それも長く続くことはなく、やがて信長の嫡子信忠に攻め

岩村城の規模 ～元禄15年記録～

標高	717 m（本丸・最高所）
城囲い	1255 m（ただし一の門内）
山回り	3700 m
縄張	本丸・二の丸・出丸・東曲輪・八幡曲輪・帯曲輪・藩主邸など
石垣場所	31ヶ所（1700 m）

櫓	11ヶ所（三重1、二重9、一重1）		
多門	大小8ヶ所		
門	大小17ヶ所		
堀	43ヶ所	狭間	680ヶ所
城内屋舗	10ヶ所（藩主邸は別）		

信長の叔母が女城主

元亀3年（1572）に武田信玄と織田信長軍による岩村城の攻防が、岩村城の戦いである。城主は、信長の叔母の婿の遠山景任だったが、信玄は秋山信友に岩村城を攻めさせた。景任は侵攻直前に病死し、正室おつやの方が実際の城主となった。武田軍も岩村城は簡単に攻め落とせず、信友は岩村城を実質的に支配しようと、おつやの方に婿入りを迫り降伏させ、岩村城を手にした。

DATA

鎌　山城

築城者：遠山景朝
築城年：1221年
アクセス：明知鉄道「岩村」駅下車、徒歩約1時間

岩村城の見所

本丸東側石垣
標高 717 メートルの本丸は、天然の地形を利用した縄張と積み方を工夫した石垣が特徴。

6段壁
6段階の石垣の1階ごとに犬走りを設けた工法で修理や防御を考慮した知恵の結晶ともいえる石垣。

岩村城太鼓櫓
岩村城内に非常事態が発生した時に、城下の武士や領民に知らせるための太鼓櫓。

られ、城主の座を取って代わられる。以後、河尻氏や森氏が城主として、18年余りをかけて岩村城を近代城郭へと改修した。

慶長5年（1600）関ヶ原の戦い後、東軍に属した田丸氏、松平氏、丹羽氏が城主を務め、明治時代に廃城となる。

約700年間にも及ぶ歴史を有する城は、日本の城史において稀有なことである。

歴史の叡智を集めた山城ならではの遺構

江戸時代の府城の中で最も高い標高717メートルの山頂に位置する岩村城は、**高低差180メートルの天嶮の地形を巧みに利用した要害堅固な山城である**。岩村城が築城された山頂付近は、霧が多く発生するために別名「霧ケ城」とも呼ばれる。まさに、気象条件まで守りのひとつに取り入れた城なのである。

岩村城の本丸は、表門、裏門ともに埋門《うずみもん》で厳重な構えである。山城なので天守はないが、藩主邸が完成するまで藩主が居住していた2重の本丸櫓や、納戸櫓、東西両側には多聞《たもん》櫓がある。また、山頂にありながら、水が枯れることがなかったといわれる昇竜の井戸がある。

二の丸入口から東曲輪、本丸、さらに本丸南側に張り出した出丸。その間を通り、二の丸あかず門に達する細長い曲輪で本丸防衛に重要な帯曲輪など、山城ならではの工夫された遺構が点在する。

岩村城は、まさに歴史の叡智が結集された古城である。

犬山城

断崖絶壁にそびえる国宝天守

天守からの眺望が見事な犬山城

犬山城天守
天守が国宝指定された４城のうちのひとつで、天守最上階の絶景がすばらしい望楼型天守。

犬山城遠景
別名「白帝城」といわれる犬山城は、現在も木曽川沿いに美しき雄姿でそびえている。

時代に翻弄された犬山城の城主

犬山城は天文6年（１５３７）に、織田信長の叔父である織田信康によって築城された。尾張と美濃の国境に位置し、木曽川の要衝として、戦国時代の攻防の地であった。そのため合戦のたびに、城主はめまぐるしく変わった。

犬山城を築城した信康は、美濃の斉藤道三との戦い「稲葉山城攻め」で戦死し、息子の信清が城主となる。永禄8年（１５６５）には、斉藤氏と通じた信清が美濃の攻略を目指した信長に攻められ、犬山城は落城した。

天正10年（１５８２）、本能寺の変で信長が倒れ、後継者争いの渦中の天正12年の小牧・長久手の戦いで、池田恒興《つねおき》が急襲して犬山城を攻略した。秀吉が入城した後、信長の次男・信雄に犬山城は返還された。

文禄4年（１５９５）には秀吉の家臣石川光吉が城主になるが、関ヶ原の戦いで光吉は退去し、家康側の小笠原吉次が入城した。

DATA

国　室　平山城

築城者：織田信康
築城年：1537年
アクセス：名古屋鉄道「犬山」駅下車、徒歩約15分

小牧・長久手の戦いの要城
～秀吉 VS 家康＆信長の次男～

本能寺の変による信長の死後、後継者争いが事の始まりとなったのが小牧・長久手の戦いであり、その要所が犬山城である。天正12年（1584）に織田信雄（信長の次男）の家臣であった城主・中川定成が伊勢に出陣中に、元城主である池田恒興（信長の家臣で乳兄弟）が寝返って城内に侵入し、落城した。その後、秀吉が入城。家康はすぐさま小牧山城に陣を構え、秀吉と生涯一度の直接対決に臨んだが、両者の間で和議。犬山城は信雄に返還された。

歴史に翻弄され 3度落城した犬山城

甥 VS 叔父

1565年 → 織田信長による攻略

信清（信長の叔父である信康の子）が信長に攻められ落城

現城主 VS 元城主

1584年 → 豊臣秀吉による攻略

城主・中川定成の出陣中に、元城主・池田恒興が攻略

西軍 VS 東軍

1600年 → 徳川家康による攻略

関ヶ原の戦いで城主・石川光吉が西軍に属し陥落

江戸時代に入った、元和3年（1617）に**尾張徳川家の重臣であった成瀬正成が城主になり、現在の天守が完成し**た。成瀬家は幕末まで城主を務めることになる。

時代を俯瞰する国宝の天守

木曽川沿いの標高80メートルの城山に築かれた犬山城の縄張は、南北に長く延びて、南から三の丸、松の丸、桐の丸、樅の丸、杉の丸、そして本丸と続いている。背後を断崖に守られた典型的な後堅固《うしろけんご》の城である。

木曽川沿いの断崖にそびえ立つ犬山城は堅城であるが、李白の漢詩にも登場する「早発白帝城」の情景と似ていることから、荻生徂徠《おぎゅうそらい》が「白帝城」と命名した美しい城でもある。

国宝の天守は、二重櫓の上に望楼を載せた典型的な望楼型天守である。元和6年に、望楼部の1、2階の大棟を下げて破風位置を変え、唐破風を3階部分に付設して、最上階の廻縁《まわりえん》と高欄《こうらん》を新設し、現在の天守が完成したといわれている。

犬山城の最大の特徴でもある**国宝の天守からの眺望は、まさに絶景である。**歴史を俯瞰し、絶景を誇る国宝天守のある犬山城は、廃藩置県によって、愛知県所有となる。明治24年（1891）濃尾大地震による修復の際に再び成瀬家の所有になり、平成16年（2004）に財団法人に移管するまで、日本で唯一の個人所有の城であった。

高石垣に立つ未完の堅城

伊賀上野城

二人の城主と二つの顔を持つ城

伊賀上野城は、2人の城主と二つの目的を持って築城された堅城である。

一人目の城主は、筒井定次《さだつぐ》である。天正13年（1585）大和郡山から移封されると、天正9年の天正伊賀の乱で焼け落ちた旧伊賀守護仁木氏の城館跡に仮館を建て、平楽寺、薬師寺跡の高丘に新しい城を築いた。

定次が大和郡山から伊賀国へ国替えになったのは、天下統一をめざす豊臣秀吉が大阪城を核に大名配置を行ったからである。

大和郡山には羽柴秀長を赴任させ、大和・和泉・紀伊三ヶ国の大守とし、定次はその外側を守る目的で伊賀上野城を築城した。いうなれば、**大阪城を守る出城としての機能を有した城**である。

縄張は、高丘の頂上を本丸に、3層の天守を建て、西に二の丸、北に三の丸を配した。

関ヶ原の戦い後、定次は伊賀上野藩を立藩したが、慶長13年（1608）6月、失政

伊賀上野城の見所

天守と付櫓
天守台石垣は高虎が築き、天守は昭和10年（1935）純木造の復興天守として再建された。

高石垣
高石垣は慶長16年（1611）打込みはぎの技法で築かれ、大阪城の高石垣と日本一、二を競う。

白鳳門（模擬城門）
別名「白鳳城」といわれる上野城らしい名がついた模擬城門。門左側が上野高校、門右側が上野西小学校。

DATA

指 安 江 平山城

築城者：筒井定次
築城年：1585年、1611年
アクセス：伊賀鉄道「上野市」駅下車、徒歩約8分

築城名人・藤堂高虎

戦国・江戸時代の武将と知られる藤堂高虎は、「武士たるもの７度主君を変えねば武士とは言えぬ」の精神で、浅井をはじめ織田、豊臣、徳川と計10人の主君に仕えた。戦国武将としての才を認められ、伊予今治藩主、後に伊勢津藩の初代藩主となる。

高虎の才は、武将としてだけではなく、築城技術にも秀でていた。伊賀上野城をはじめ宇和島城、今治城、篠山城、津城、膳所城などを築城した。

高虎の築城は、伊賀上野城に見られるように、石垣を高く積み上げることと堀の設計に特徴がある。

藤堂高虎が手掛けた主な城

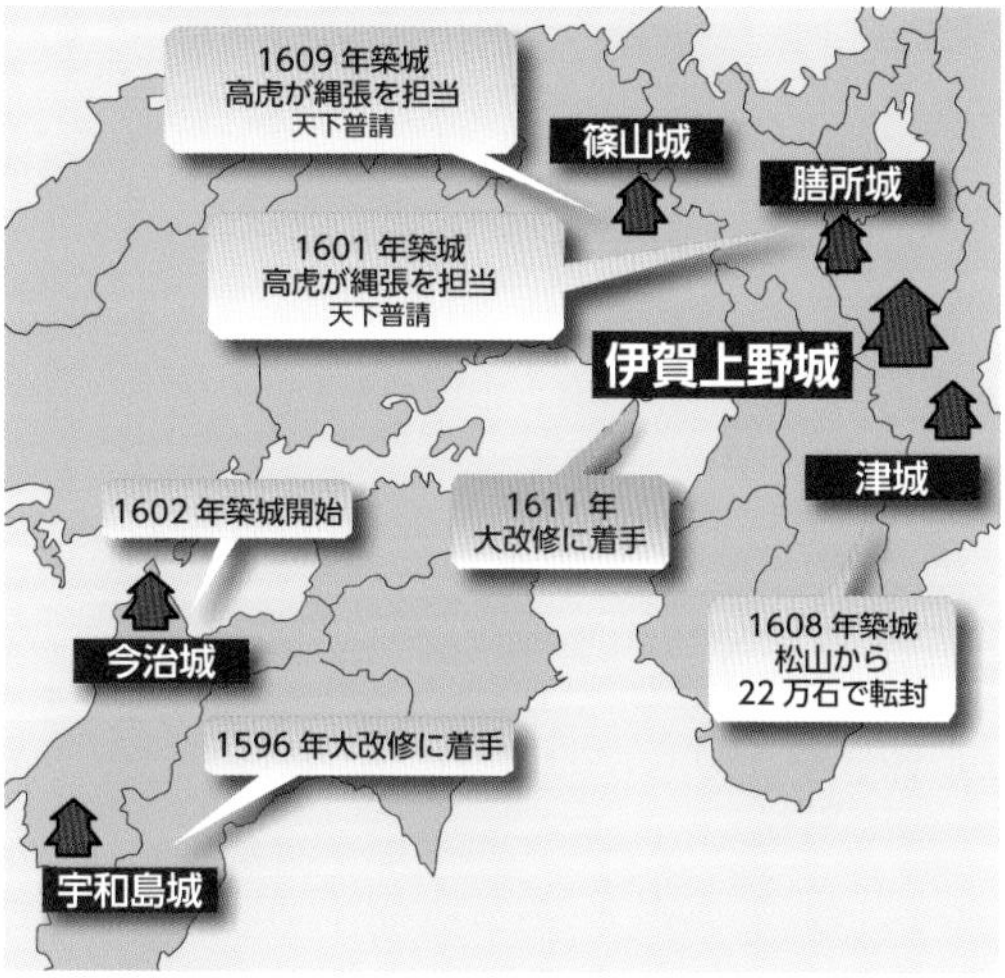

わずか10年余りの間に複数の城の築城に関わった高虎。篠山城と膳所城は天下普請であり、豊臣包囲網のために築城された。幕府が高虎の築城手腕を頼りにしていたことがわかる。

を理由に改易させられ、領地は没収された。

高石垣に込めた築城の名手の戦略

もう一人の城主となる藤堂高虎は、同年8月伊予宇和島城から伊賀国に移った。

徳川家康は、伊賀一国ならびに伊予8郡22万石を高虎に与えた。家康が高虎を重用したのは、才と忠義を高く評価すると共に、築城の名手として、来るべく大阪との決戦に備えたためである。

定次の城は大阪城を守る目的であったが、高虎の城は**大阪城を攻めるための城であり、まったく正反対の目的をもった築城**であった。

慶長16年、本丸を定次の時代の城から西に拡張して旧本丸と合わせて新本丸とし、大阪城の高石垣と日本一を競うほどの高さ約30メートルの高石垣をめぐらして南を大手とした。

また、5層の天守の建設に取りかかったが、慶長17年（1612）に大暴風で倒壊した。外郭には、二重櫓が2棟、一重櫓が8棟、計10棟の櫓が建てられた。さらに長さ21間（約40メートル）という巨大な多門櫓をつけた東大手門、西大手門も建てられた。

慶長19年大阪冬の陣、元和元年（1615）大阪夏の陣は家康の勝利となり、豊臣氏の滅亡によって堅固な城は必要とされなくなり天守は再建されることはなかったが、一国一城令で上野城は伊賀の城として存続が認められ、明治時代まで城代を置いて存続する。

竹田城

幻想的な景観が望める山城

全ての曲輪を石垣で囲んだ美しき山城

竹田城の魅力は、麓を流れる円山川の川霧によって周りが霞み、竹田城だけがぽっかりと浮かぶ幻想的な風景にある。そんな景色から竹田城はいつしか**「天空の城」と呼ばれる**ようになった。

残念ながら、天守や櫓、門などの建築物は一切現存しない。残っているのはかつての縄張を示す石垣のみだ。逆に石垣だけの廃城だからこそ、郷愁を誘うのかもしれない。もっとも、その独特な形をした縄張と累々と積み上げられた石垣群にかつての城の有り様を偲ぶというのもある。

竹田城は別名「虎臥城《とらふすじょう》」とも呼ばれるように、上から見るとまるで虎が臥しているかのような姿をしている。この姿を描き出しているのが本丸、南二の丸、南千畳、花屋敷曲輪などの連なりである。

また、**全ての曲輪を石垣で囲み、幾重にも連なっている姿は壮観**である。険しい斜面に石垣が屹然《きつぜん》と立つ姿もまた竹田城の見所といえる。

但馬を巡る領地争い

時代	対立	内容
室町時代	山名家 VS 赤松家	1431年に竹田城築城。1441年から山名家と赤松家の争いが激化し、**竹田城は山名家の播磨出陣の拠点となる。**
戦国時代初期	山名家 VS 赤松・細川家	応仁の乱により、山名家と敵対する細川家も但馬侵攻を試みる。**竹田城から山名家の太田垣軍が出撃し、対戦する。**
戦国時代	山名家 VS 織田家	1569年、但馬に織田軍が侵攻。18城を落とす。その中に竹田城も含まれていたというが不明。
	赤井家 VS 織田家	毛利軍が但馬に侵攻し竹田城を占拠。毛利と山名は和解し同盟するが、**但馬の豪族赤井直正が竹田城を奪取。**山名家の依頼で織田軍が赤井軍を撃破する。
	毛利家 VS 織田家	織田と毛利の対立が激化。但馬に1577年織田軍が侵攻し、一時竹田城も占拠するが、毛利軍が奪回。1580年に再び織田軍が奪い返し、**但馬を巡る領地争いは終結**する。

DATA

兵庫県朝来市
(但馬国)

指 室 安 山城

築城者：赤松広秀など
築城年：1431年、1592年〜1600年
アクセス：JR播但線「竹田」駅下車、徒歩約1時間

現在の竹田城跡

天空の城・竹田城
川霧に包まれる竹田城。天空の城と呼ぶにふさわしい幻想的な風景が広がる。

石垣群
曲輪はすべて石垣で囲まれ、それらが山の斜面に幾重にも積み重ねられている。

曲輪
本丸から南千畳を望んだ景色。複雑な縄張によって複数の曲輪が連なる。

秀吉が手に入れ 秀長が縄張を担当

室町時代の但馬は山名家が治めており、竹田城も山名宗全《そうぜん》の命で築城され、太田垣《おおたがき》氏が城主になったと言い伝えられているが、はっきりとした記録は残っていない。

また、但馬と播磨の国境に位置するため、山名家と播磨守護の赤松家の間で度々、軍事衝突が起こり、その出撃地点となったようだ。

応仁の乱という混沌とした時代になると、両者の戦いに細川家が加わり、但馬の領土を巡る争いは収まりがつかなくなっていく。

そこに織田家や毛利家も領土拡大を目指して進出してきたから、事態はさらに混迷する。

天正５年（１５７７）には、信長の命を受けた秀吉が播磨から但馬に進出するために竹田城を攻めた。３日間の戦いで攻略したが、その後一時的に毛利軍の手に渡った。そして天正８年には再び織田軍が侵攻して、竹田城を落とした。

現存する**縄張は秀吉の弟・秀長が担当し、築城者は秀吉の支援を受けた赤松広秀**といわれている。山城ながら大規模な石垣構造を持つのは、優れた築城技術を保有する織田系武将が手掛けたからである。

しかし、当時の先端の築城技術を用いられた竹田城も関ヶ原の戦いを境に廃城となり、建築物は取り壊され、美しい曲輪と石垣だけが忘れ形見となった。

第3章
美しい黒壁と金の屋根が特徴

岡山城

三大名園「後楽園」と調和する漆黒の城

現在の岡山城

不明門 あかずのもん
岡山城の門で、現存するものはない。これは復元したもの。昼夜問わず閉ざされていたことから不明門といわれる。

天守閣
黒壁に屋根の金色が映える天守。石垣の大きさから宇喜多氏の時代に造られたことがわかる。

後楽園
後楽園から見る岡山城。緑豊かな後楽園からのぞく黒い城が印象的だ。

別名「烏城」宇喜多秀家の拠点

岡山城は旭川西側の丘陵に築かれた平山城で、戦国時代に備中・美作《みまさか》で勢力を誇った宇喜多《うきた》氏が拠点とした。天守は前期望楼型、3層6階の複雑な構造を持つ。外壁には黒い下見板が貼られ、金の瓦屋根がそれを引き立てている。この城が「烏城《うじょう》」や「金烏城《きんうじょう》」と呼ばれる由縁である。

岡山城がある場所には元々、金光《かなみつ》氏が居城とする石山城があった。元亀元年（1570）に宇喜多直家《なおいえ》が金光宗高《むねたか》を滅ぼして城主になると、直家の跡を継いで**秀家が新たな城主となる。彼は「豊臣五大老」の一人に選ばれるほどの有力大名だった**にもかかわらず、当時の城は手狭で、その身分にふさわしくないものだった。そのため、**大規模な拡張工事を行った。これが現在の岡山城の原形である。**

石垣が物語る岡山城の歴史

関ヶ原の戦い後、八丈島へ島流しにされた秀家に次いで

DATA

指 特 重
安 平山城

築城者：宇喜多秀家
築城年：1597年
アクセス：JR山陽本線・山陽新幹線「岡山」駅から、路面電車「東山行き」で約5分「城下」下車、徒歩約10分

関ヶ原の戦いに参加した主な武将一覧

東軍

総大将
徳川家康

前田利長　黒田長政　本多忠勝
伊達政宗　加藤嘉明　寺沢広高
加藤清正　田中吉政　生駒一正
福島正則　藤堂高虎　井伊直政
細川忠興　最上義光　松平忠吉
浅野幸長　山内一豊　筒井定次
池田輝政　蜂須賀至鎮　京極高知

VS

西軍

総大将
毛利輝元

石田三成　小川祐忠　朽木元綱
宇喜多秀家　大谷吉継　赤座直保
上杉景勝　脇坂安治　吉川広家
佐竹義宣　安国寺恵瓊　長束正家
島津義久　小早川秀秋　毛利秀元
小西行長　織田秀信　戸田勝成
増田長盛　長宗我部盛親　真田昌幸

悲運の猛将 宇喜多秀家の生涯

元亀3年（1572）、宇喜多直家の次男として生まれ、10歳の時家督を継いだ。豊臣秀吉の中国地方遠征軍に参加し、備中高松城攻めでの功績を皮切りに各地で戦果を挙げた。その勇猛果敢さで秀吉に大層気に入られ、若くして「豊臣五大老」まで上りつめた。

秀吉の死後起こった関ヶ原の戦いでも、西軍の主力として戦場を駆け回った。しかし、小早川秀秋の裏切りに遭い敗北。藩主の座を失い、流刑地の八丈島でその生涯を終えた。

豊臣五大老とその所領石高

徳川家康（関東）	240万石
前田利家（北陸地方・加賀）	83万石
毛利輝元（中国地方）	120万石
宇喜多秀家（中国地方・備前）	57万石
小早川隆景（北九州・筑前）	33万石
上杉景勝（東北地方・会津）	120万石 1597年小早川隆景の死後

城主になった小早川秀秋《こばやかわひであき》や池田（忠継《ただつぐ》・忠雄《ただかつ》）氏らはさらなる拡張整備を行い、池田忠雄の時に縄張が完成された。

宇喜多・小早川・池田と3氏がそれぞれに改修を行ったため、岡山城では特徴的な石垣が見られる。宇喜多氏の自然石を積み上げた野面積、池田氏の頃の石を加工した切込接の石垣である。

現在の岡山城の天守は昭和41年（1966）に再建されたもの。明治までは池田忠雄の造った城や城郭が残っていたが、明治6年の廃城令によって天守以外は取り壊された。

残った天守も、昭和20年（1945）に空襲で焼失していた。焼失を逃れた月見櫓と西の丸西手櫓は重要文化財に指定されている。

山陰・山陽に睨みを利かせた要衝山城

備中松山城

DATA

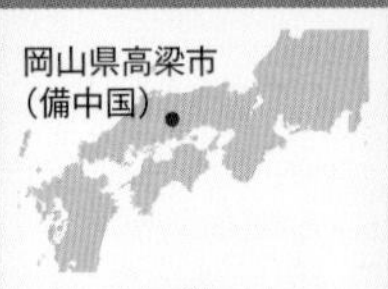

重
鎌
山城

築城者：秋葉重信
築城年：1240年
アクセス：JR伯備線「備中高梁」駅から、車で10分、その後徒歩20分

日本一の高さにそびえる山上の要塞

標高430メートルの臥牛《かぎゅう》山《ざん》、その山頂に天守を構える備中松山城は、**現存天守の中で最も高い位置に立つ典型的な山城**だ。臥牛山は四つの峰からなり、小松山の近世城郭が中心だが、大松山に残された中世城郭をはじめとして天神の丸・前山にも遺構がある。備中を舞台に毛利氏と三村氏が争った備中兵乱《びっちゅうひょうらん》の時には、二十一丸と呼ばれる小城が築かれ要塞化していた。

天守は2層3階の望楼型。白の漆喰塗りに黒の腰板、多様な破風や縦連子《たてれんじ》をあしらった出窓など印象的な外観だ。本丸の背後には巨石を櫓台にした二重櫓が守りを固めている。天然の岩盤の上に築かれた石垣は、自然の中に溶け込んだ山城の雰囲気を存分に味わわせてくれる。

本丸へ至る道は非常に険しく、麓から約1・5キロメートルの山道が続く。そのため明治時代に廃城令が出ても、取り壊しは困難で、仕方なくそのまま放置されたため天守

現在の備中松山城

二重櫓
重要文化財に指定されている二重櫓。自然の岩の上に石垣が積まれているのがよくわかる。

天守
小ぶりながらも貫録のある天守。1重目の唐破風出窓、2重目の折れ曲がり出窓など、趣向が凝らしてある。

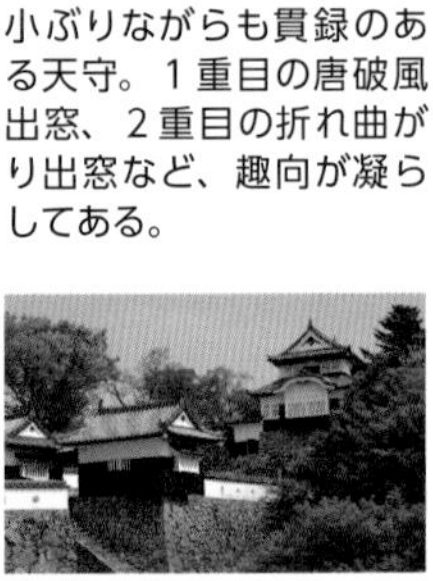

櫓
復元された五の平櫓（奥）と六の平櫓（手前）。間にある門は本丸の正面玄関に当たる本丸南御門。

（高梁市教育委員会提供）

毛利氏から織田氏に寝返り、命を落とした三村元親

　先代から備中の支配をしていた三村元親は毛利氏に従って、宇喜多直家と備中を巡る争いを繰り返していた。ところが、敵対していた毛利氏と直家が同盟を結んでしまう。

　直家の放った刺客に父・家親を暗殺されていた元親は、直家との同盟など到底受け入れられるはずもなく、毛利氏の下を離れ、毛利氏と対立していた信長の下に身を寄せることになった。

　これに危機感をあおられた毛利氏は、小早川隆景を総大将とした大軍を備中松山城へ差し向け、三村氏との戦いの火蓋が切られた。これが備中兵乱であり、敗れた元親は自刃へと追い込まれた。

備中松山城の主な城主

延応2年（1240）	秋葉重信
元弘元年（1331）	高橋宗康
元亀2年（1571）	三村元親
慶長5年（1600）	小堀正次（代官）
元和3年（1617）	池田長幸
寛永19年（1642）	水谷勝隆《みずのやかつたか》
元禄7年（1694）	大石内蔵助（城番）
元禄8年（1695）	安藤重博
正徳元年（1711）	石川総慶《ふさよし》
延享元年（1744）	板倉勝澄

戦国時代から江戸時代まで城主が頻繁に入れ替わっている。

が現存する。

　それほど不便な場所に立っていたので、政務をそこで執り行うのは困難だった。そこで平時は麓に建てた御根小屋《おねごや》が居所兼役所として実質的な城の役割を果たし、戦が始まると山頂の城に立て籠るという態勢を採っていた。御根小屋は廃城令で姿を消したが、武家屋敷などは残され、かつての城下町の雰囲気は今も感じられる。

城主が次々代わる激戦区の城

　その歴史は、鎌倉時代の延応2年（1240）に地頭・秋葉重信《あきばしげのぶ》が大松山に櫓を築いたところから始まる。備中の中心に位置する地にあるところから山陰・山陽両方に睨みを利かせられる要衝として重宝され、城主がめまぐるしく代わったことでも有名だ。

　上野氏・庄氏などを経て、戦国時代の三村元親《みむらもとちか》が城主を務める頃には、臥牛山全体を範囲とした一大城塞にまで発展した。天正3年（1575）三上元親と毛利氏の争いが勃発し、それを制した毛利氏が東方進出の拠点としてこの地を領有した。

　その毛利氏も関ヶ原で敗戦し、城を去ると、城番として小堀正次・政一父子が入り、御根小屋が築かれる。その後、城主は池田氏、水谷氏、安藤氏、石川氏と代わり、次の板倉氏で明治維新を迎えた。水谷勝宗によって**天和3年（1683）に大改修が行われており、現存する天守はこの時のものだ。**

宍道湖湖畔を眼下にする天守が魅力

松江城

DATA

指 重

江　平山城

築城者：堀尾吉晴
築城年：1607年
アクセス：JR山陰本線「松江」駅下車、徒歩約20分。または松江市営一畑バス「県庁行き」で約10分「大手前」下車、徒歩約5分

日本有数の現存天守を持つ城

黒塗りの壁、無骨だが風格のある望楼型天守が特徴の松江城は、**山陰地方唯一の現存天守を持つ城**だ。5層以上の現存天守のある城は、松本城、姫路城、松江城の3城しかなく、全国的に見ても希少価値の高い城である。

もちろん、松江城の見所は天守だけではない。築城者は豊臣恩顧の大名である堀尾吉晴。幼い頃より当時の木下藤吉郎に仕え、秀吉の出世と共に出世街道を走った武将である。

しかも、城建設に長けたその力量は至るところに確認できる。本丸を取り囲むようにいくつもの櫓が立てられた縄張や、天守の板張部分には石落を複数設けるなど、**随所に工夫を施して防御性を高めている**のも、松江城が名城とされている由縁である。

また、二の丸の東にある太鼓櫓、中櫓、南櫓が次々と再建され、高石垣との美しい調和を見せている。ちなみに天守と付櫓は重要文化財に指定されている。

交通の要所である宍道湖湖畔に築城

当時の面影を今に伝える松江城を、宍道湖湖畔にある標高29メートルの亀田山に築城したのは、慶長12年（1607）のこと。出雲・隠岐24万石の大名になった吉晴は幕府の許可を得て築城に取りかかる。

実は出雲には、戦国時代に山陰地方を席巻した尼子家の居城・月山富田城があり、吉晴はそこに入城したのだが領国の東に偏り、しかも険峻な山城だった。そこで水運と陸上交通の要となる宍道湖湖畔に目をつけて**城のみならず、城下町の整備にも**当たった。

しかし、松江城完成を目前にして死去。跡を継いだのは孫の忠晴。残念ながら約20年後に没した時に、嗣子がなくお家は断絶してしまう。その後、京極家が入封するが、こちらも跡継ぎに恵まれずに一代で断絶。続いて親藩である松平家が入城して明治まで城主として出雲を治めた。

黒壁が美しい天守

望楼型《ぼうろうがた》
関ヶ原以後の築城だが、古い様式の望楼型の天守である。手すりを巡らし360度眺望できる。

鯱鉾《しゃちほこ》
高さが約2mあり、現存する木製のものとしては最大。

入母屋破風《いりもやはふ》
千鳥が羽を広げたような三角形の部分を指す。この形状から松江城は別名「千鳥城」とも呼ばれている。

下見板張《したみいたばり》
松本城や熊本城と同じように、黒く厚い板で覆われた古い様式を保っている。

付櫓《つけやぐら》
天守入口の防備を高めるために取り付けた櫓。入ると枡形の小広場が2段あって進入しづらくなっている。

松江城の歴史

1600年 関ケ原の戦い後、堀尾吉晴・忠氏親子が出雲・隠岐24万石の太守となる

堀尾家 24万石

1604年 忠氏が死去
1607年 松江城の築城に取りかかる
1611年 松江城が足掛け5年の歳月をかけて完成する
吉晴は完成の数ヶ月前に死去。孫の忠晴が家督を継ぐ
堀尾家は世継ぎがなくお家断絶
1634年 京極忠高が若狭小浜城から転封される
京極氏も世継ぎがなく改易

京極家 26万4000石

1638年 信州松代から松平直政が入城
以来、明治維新まで松平家が出雲を治めた

松平家 18万6000石

近年になって再建された南櫓と中櫓。防御性を高める役割を担っていたが、石垣と調和した景観も見事だ。

松江城の全景。宍道湖湖畔にある亀田山に縄張を施した松江城は、南は宍道湖、西北は山稜に守られた堅城だ。

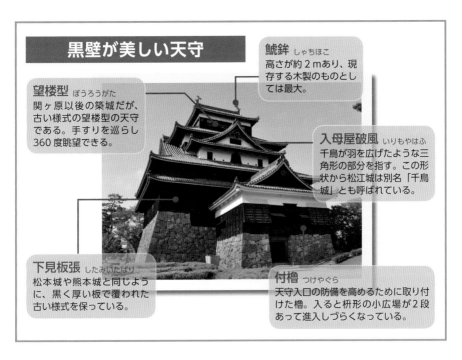

瀬戸内を望む海の城
高松城

水に守られた城

高松城は、生駒親正《いこまちかまさ》が築城した近世城郭として最初にして最大の海城。柿本人麻呂が万葉集の中で、讃岐の国の枕詞として「玉藻よし」と詠んだことから、このあたりの海は「玉藻《たまも》の浦」と呼ばれており、高松城は「玉藻城」の別名で知られる。

その縄張は中心に据えられた本丸を囲うようにして二の丸、三の丸、桜の馬場、西の丸が時計回りに配置され、さらに三段構えの堀が本丸を厳重に守る輪郭式平城という形式だ。現在は埋め立てられてしまったが、かつては**城壁が海に直接面しており、城内に軍船が入れるようになっていた**ことから、親正は本格的な水軍の運用を考えていたと思われる。

本丸の周囲は内堀に囲まれ、二の丸へかかる鞘橋《さやはし》をのぞけば独立した島のようになっている。その様子を三の丸の方から見ると、まるで海上に浮いているようだったという。そんな**優美な姿から高松城は日本三大**

生駒親正の石高の変遷

- 1526年　生駒親重の子として美濃国可児郡土田に生まれる
- 1566年　美濃攻めに際して信長の臣下となる
- 1582年　信長の死後、秀吉の家臣となり数々の武功を立てる
- 1585年　近江国・高島郡 2万3500石
- 1586年　伊勢神戸城4万石加増ののち播磨赤穂6万石
- 1587年　讃岐国17万1800石1800石
- 1588年　高松城の築城を開始
- 1600年　関ヶ原の戦いで、西軍に与する
- 1603年　高松城にて死去

頼重は水戸黄門の兄

生駒家に代わって高松城に入場した松平頼重は徳川家康の孫であり、かの有名な水戸黄門こと水戸光圀の兄。水戸藩主・徳川頼房の長男だけに本来は水戸藩を継ぐはずである。しかし、頼房は自分の兄・義直《よしなお》と頼宣《よりのぶ》に当時男子がいなかったことに配慮して、頼重を庶子扱いした。そのため光圀が継承することになり、頼重は高松藩主となった。徳川の親藩だったので、四国地方の監視という役割も担っていたのだろう。

DATA

高知県高松市
（讃岐国）

国　重　安　平城

築城者：生駒親正
築城年：1588年
アクセス：JR予讃線・高徳線「高松」駅下車、徒歩3分

水面と石垣や櫓が調和する海城の高松城

月見櫓と水手門
現存する月見櫓と水手門。水手門は海から直接出入りができた。

天守台と内堀
海水が入り込む内堀に浮かんでいるかのように天守台を築かれている。かつてはここに天守が築かれていた。

旧東の丸艮櫓
東の丸から太鼓櫓跡に現存移築された艮櫓。大型の千鳥破風が美しく、大きく張り出された石落も特徴的だ。

水城に数えられた。

天守は明治17年（1884）に老朽化が原因で解体されてしまったが、3層4階の独立式層塔型で、1重目が天守台よりも張り出し、4階が3階よりも張り出す唐造りなど、独自の様式美を備えていたという。また、大きさも約25メートルあり、四国最大規模の天守であったというから、今はもう見られないのが悔やまれる。

とはいえ、国の史跡に指定されている高松城跡をはじめ、現存している月見櫓《つきみやぐら》や艮櫓《うしとらやぐら》、水手御門、渡櫓の四つの重要文化財や珍しい城郭の形など見ごたえのある城である。

生駒親正の出世

生駒親正は豊臣秀吉に従って、小田原の役や文禄の役など数々の武功を立てた。秀吉が四国を平定すると讃岐国17万6000石を与えられ、天正15年（1587）に阿波の国国境近くの引田城《ひけたじょう》に入城した。しかし、立地や規模に不便があったため宇多津《うだつ》の聖通寺城《しょうつうじじょう》に引っ越すも、ここでも満足いかず新しく築城する運びとなった。翌年の**天正16年（1588）から築城が開始され、2年後に完成**した。

それからおよそ50年、生駒家は安泰だったが、寛永17年（1640）に起こったお家騒動が原因で改易され、出羽国矢島藩1万石に転封となった。寛永19年（1642）、12万石を入封した水戸藩主・徳川頼房《とくがわよりふさ》の子、松平頼重《まつだいらよりしげ》が城主を引き継ぐと、城の整備に着手し、親子2代にわたる大規模な城の改修を行った。

丸亀城

亀山にそびえる讃岐の要塞

DATA

指 重 安 平山城

築城者：生駒親正
築城年：1597年
アクセス：JR予讃線「丸亀」駅下車、徒歩15分

そびえる石垣、風格ある天守が魅力

丸亀城は亀山の上に立つ平山城で、天守は3重3階の層塔型。天守は小ぶりにもかかわらず、350年の歴史を持つだけあって威風堂々たる風格だ。

漆喰の白い壁と1重目には下見板、2重目には唐破風、3重目は格子窓といった装飾が施され、格式の高さを物語る。一方、西側には装飾性がまったくなく、まるで別の城であるかのような印象を受けるのも興味深い。

天守の風格をさらに引き立てるのが、丸亀城最大の見所ともいうべき石垣群である。3段に重ねられた石垣は総高約60メートルという日本一の高さを誇り、見上げた様はまさに天に届かんばかり。「石垣の城」の呼称にふさわしい眺めであり、同時に美しさも兼ね備えている。

石垣の形が緩やかな曲線から始まり、上へいくほど垂直に近づく、いわゆる「扇の勾配」も芸術的な反りを見せている。

廃城の危機を乗り越えた丸亀城の歴史

- **1597年** 生駒親正が讃岐17万石を拝領し高松城に入城。隠居城として亀山城を築城
- **1602年** 城郭が完成
- **1615年** 一国一城令により廃城の危機。奇策で難を逃れる
- **1640年** 生駒家がお家騒動で改易
- **1641年** 山崎家治が新しい城主として入封
- **1643年** 山崎氏が城の改修に着手する
- **1658年** 跡継ぎのいない山崎氏断絶。改易され、代わって京極高和入封
- **1660年** 搦め手門を大手門に変更。現在の天守が完成する
- **1673年** 京極氏の大改修が完了する。現存する石垣の大半も完成

丸亀城の見所

天守北面と石垣
３段の高石垣の上にそびえ立つ天守。下見板、唐破風、格子窓に飾られる。

石垣
美しい曲線を描く「扇の勾配」の石垣。

大手二の門
丸亀城の顔ともいえる大手二の門。

数字で見る丸亀城

●石垣の高さ
60m
日本一高い

●天守の高さ
約14.5m
現存で２番目に小さい

●京極氏による城の大改修にかかった年月
32年

完成12年で廃城の危機

歴史は、室町時代初期に奈良元安が砦を築いたところまで遡る。城主を変えながら戦国の世を経て、慶長2年（1597）に讃岐17万石を拝領した生駒親正《いこまちかまさ》が隠居城として整備し、本格的な城として生まれ変わる。慶長7年に5年かけた整備が終わったが、元和元年（1615）に発せられた一国一城令により破却の危機に瀕する。城をなんとか守りたかった城主・生駒正俊《まさとし》は、要所を木で隠して見た目を元の亀山に戻し、周辺の立ち入りを禁止してごまかし、この危機を乗り切った。

奇策を用いて城を守った生駒家だったが、寛永17年（1640）お家騒動の末に出羽国矢島へ改易され、次いで山崎氏・京極氏が入封した。両氏は城の改修に積極的で、特に京極氏の改修は32年もの歳月をかけた大規模なものだった。

現存する天守や大手門、石垣など、この城の名所の多くはこの時に造られた。江戸時代に造られた**天守や大手門が現存する希少価値大の城である**。

松山城

貴重な現存天守と櫓が堪能できる城

DATA

愛媛県松山市
（伊予国）

築城者： 加藤氏、蒲生氏、松平氏
築城年： 1602年、1627年
アクセス： JR予讃線「松山」駅から、伊予鉄道「道後温泉行き」で約10分「大街道」下車、徒歩約5分、城山ロープウェイで約2分、「天守」駅下車、徒歩約10分

12現存天守では一番新しい天守

　松山城を築城したのは、賤ヶ岳の戦いで七本槍の一人として数えられた加藤嘉明《よしあき》である。嘉明は、関ヶ原の戦いで東軍に従軍し、その戦功が認められ、伊予20万石加増になった。太守にふさわしい城づくりを開始したのが慶長7年（1602）のことだ。

　嘉明は加藤清正や藤堂高虎らと同じように、織田・豊臣系の大名の中にあっても築城に長けた人物だっただけに、標高132メートルで大規模な丘陵地を持つ勝山を、堅牢な城を築くには絶好の場所であると判断したのだろう。

　嘉明は松山城を20万石の太守の名に恥じない居城にするために5層の天守をあげるが、後に入封した久松松平家の藩祖・定行の代で3層の天守に改築されている。しかし、この天守も天明4年（1784）、落雷で本丸にあった建物と共に焼失してしまった。**現在の天守は、久松松平家が安政元年（1854）に再建した**ものである。ちなみに12現存天守の中では松山城が一番新しい。

加藤嘉明が苦心して築城した名城

　松山城の天守は、小天守、南隅櫓、北隅櫓の四つの建物を結んだ、もっとも防御性に優れ**複雑な構造を持つ連立式天守**である。同型の天守として姫路城が有名だが、同じ連立式ながら印象はかなり異なる。優美な姫路城に比べて松山城は**簡素にして重厚な古武士のような印象**を抱く。お世辞にもスマートとは呼べないが、無骨さが逆に好感を抱く。

　この無骨さをさらに強調しているのが高石垣である。とくに本丸を囲む石垣は左右に広がり、その雄大さは見事だ。この本丸は険しい山にしてはかなりの広さを確保しているが、実は複数の山の頂上を切り取り、谷を埋めるという大工事の末に完成している。

　そんな苦心の後が随所に見られる松山城は、現存天守をはじめ、21の建築物が重要文化財に指定されており、城郭建築の奥深さを体感できる。

松山城の主要部縄張と見所

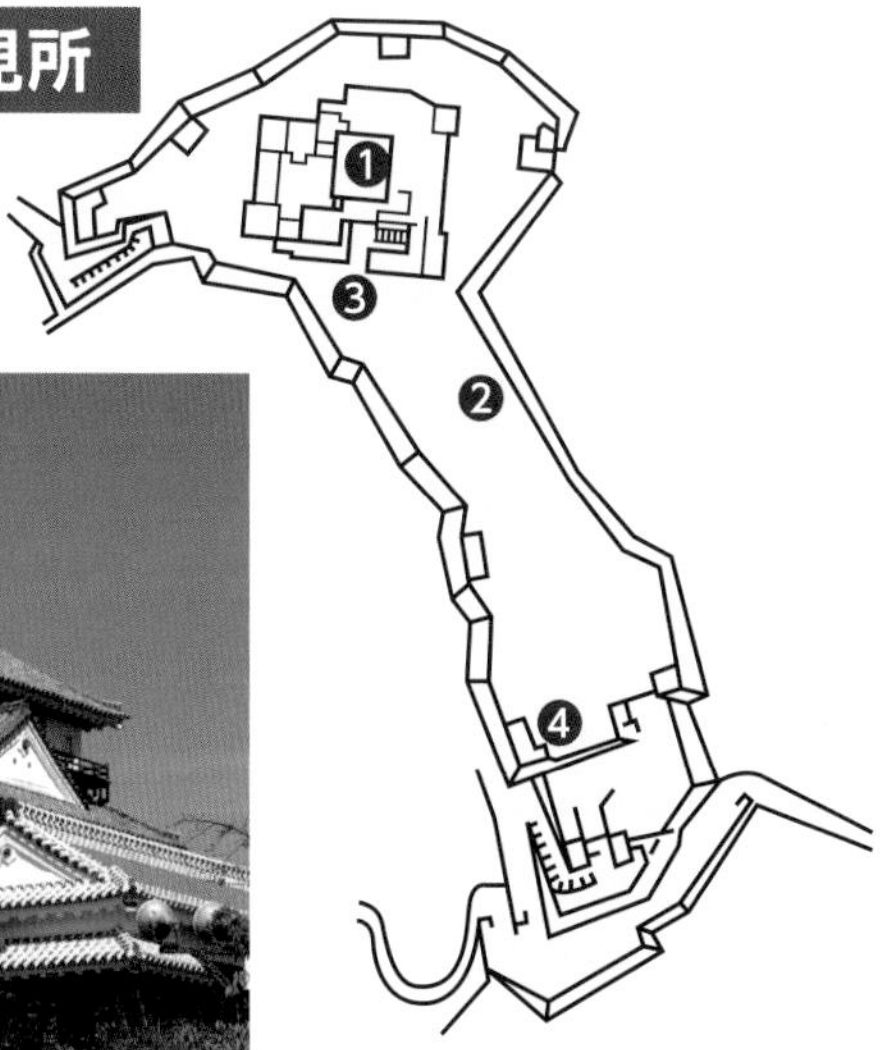

天守

3層3階ながら小天守や櫓を従えた連立式天守。どっしりとした重厚感あふれる天守だ。

本丸

複数の山を削り平地を造ったといわれる本丸。高石垣に囲まれ多くの櫓が本丸を守る。

紫竹門

本丸の搦手を守る門。重要文化財に指定されている。

太鼓櫓

高石垣に鎮座する太鼓櫓。複数の石落を設けている。

嘉明の無念さが伝わる城

加藤嘉明が24年かけて築城した松山城だったが、完成を見ることなく会津若松に移封となる。続いて入城した蒲生家によって二の丸が整備され、ようやく完成を見る。しかし、その蒲生家も数年後に嗣子がなくお家は断絶。その後、家康の異父弟の久松定勝の息子・松平定行が入城して明治時代まで、伊予藩としてこの地を治めた。

いうならば豊臣恩顧の大名が苦心の末に城を造り、徳川家がその城を召し上げるという構図だ。こうした例は、松山城だけに限らないが、嘉明をはじめとした豊臣恩顧大名の無念さを感じずにはいられない。

宇和島城

築城の名手・藤堂高虎が縄張した城

DATA

愛媛県宇和島市
（伊予国）

築城者：藤堂高虎
築城年：1596年
アクセス：JR「宇和島」駅下車、徒歩20分

地の利を活かす高虎の妙技

宇和島城は「築城の名人」といわれる藤堂高虎が手がけた名城である。高虎は、文禄4年（1595）に宇和郡7万石を与えられると、宇和海《うわかい》のリアス式海岸最深部の丸串城跡地に慶長元年（1596）から6年の歳月をかけて築城した。標高80メートルほどの山の頂上に造られた平山城で、現在は埋め立てられているものの、当時は城郭のほぼ半分が海に面する海城でもあった。

高虎は地の利を活かした築城に定評があり、ここでもその手腕を遺憾なく発揮している。西側の海には水軍を配備し、東と南に流れる辰野川・神田川を外堀として整備し、さらに内堀には海水を引き込む工夫が見られる。

彼の妙技は地の利を活かすことだけに留まらない。もっとも有名なのは「空角《あきかく》の経始《なわ》」だろう。これは、本当は五角形であるのに、四角形であるかのような錯覚を与える縄張のことで、騙された敵が4辺から攻めて来ても、空いた1辺から反撃・逃亡・物資の搬入ができるという守りに長けた城だった。実際、幕府の隠密が送った密書には「四方の間、合わせて十四町」と誤った報告がされており、いかに巧妙な設計だったかがうかがえる。

平和を反映した装飾豊富な天守

元和元年（1615）には伊達政宗の庶長子・伊達秀宗が入城し、明治まで伊達氏がこの地を治めた。現存する天守は3重3階総塗籠《そうぬりごめ》式、層塔型で寛文2年（1662）伊達氏2代目・宗利の時に、再建が始まり、9年かけて竣工した。また、居館・藩庁である御濱御殿《おはまごてん》や天赦園《てんしゃえん》が造られたのもこの頃である。

戦国の世が終わり60年。太平の世で行われた改修は、**千鳥破風や唐破風など装飾性に富んだ意匠といい、玄関を持つ天守や庭園の造営など、軍事的な要素は見当たらない。**その意味で、戦国末期の堅牢な城郭とは正反対な居住空間としての城といえるだろう。

装飾性に富んだ天守が魅力の宇和島城

天守
国の重要文化財にも指定されている現存天守。比翼千鳥・千鳥・軒唐破風など装飾性に富み、戦の要所というより居所といった趣だ。

上り立ち門
かつて存在した登城口から天守までの七つの門のうち唯一現存しているもの。市の有形文化財に指定されている。

宇和島城の年表

- 嘉禎2年（1236）西園寺公経が丸串城を築く
- 天文15年（1546）家藤監物の居城となる
- 天正3年（1575）西園寺宣久が居城にする
- 文禄4年（1595）藤堂高虎が宇和7万石を拝領し入城
- 慶長6年（1601）6年かけた改修が終わり、宇和島城と名付けられる
- 元和元年（1615）伊達政宗の庶長子・秀宗が入城
- 寛文11年（1671）秀宗の9年かけた改修工事が終わる

幕末の四賢候・伊達《だて》宗城《むねなり》

伊達宗城は宇和島伊達氏8代当主であり、幕末四賢候の一人。幕末の四賢候とは、松平慶永・伊達宗城・山内豊信・島津斉彬の4大名のことで、宗成は小藩藩主ながらも、その発言力は大きかった。藩政では、殖産興業を中心に財政の建て直しを図り、高野長英や村田蔵六を招いて藩政改革に取り組んだ。幕政にも改革論者として他の3人と共に積極的に関わった。

しかし、14代将軍の継承問題で、大老・井伊直弼と対立。いわゆる安政の大獄により隠居謹慎を命ぜられた。ただ、藩主の座を譲った後も藩政に影響を与え続け、謹慎が解けると再び幕政に返り咲き、様々な影響を与えた。

第3章
複合連結式天守が存在感を放つ城

大洲城

忠実に復元された天守と現存櫓のある城

天守に連なる二つの櫓

愛媛県西部を流れる肱川《ひじかわ》を望む丘に立つ平山城。4層4階の**層塔型天守が多聞櫓でつながれた2基の櫓を従える複合連結式層塔型**で、肱川河畔から見上げたその存在感は圧倒するものがある。

いずれも2層2階で、天守西側の「台所櫓」は安政6年（1859）に再建されたもので、1階が炊事に対応した土間になっていることからこう呼ばれている。もう一つは高欄を備えた望楼型であることから「高欄櫓《こうらんやぐら》」と呼ばれ、万延元年（1860）に再建されたものが現存している。

天守を中心として城郭内には多数の櫓が築かれていたが、現存するのは前出の2基に加え、二の丸の苧綿櫓《おわたやぐら》と三の丸の南隅櫓の計4基で、どれもが重要文化財に指定されている。

廃城令を免れたものの、天守は老朽化により明治21年（1888）に解体。しかし、かつての姿を知る手がかりになる資料が豊富に残っていたため、平成16年（2004）往時の姿を忠実に再現された。

四国の動乱で次々代わる城主

歴史の幕開けは鎌倉時代末期の元弘元年（1331）。伊予国守護として入国した宇都宮豊房《うつのみやとよふさ》によって築城された。この場所が地蔵ヶ岳《じぞうがたけ》と呼ばれていたことから、豊房は地蔵ヶ岳城と命名。宇都宮氏が200年以上にわたって城主を務めた。

戦国時代に突入し、宇都宮氏が地蔵ヶ岳城を追われると、長宗我部の四国平定や豊臣の四国征伐など動乱の中で、戸田勝隆・藤堂高虎・脇坂安治など城主が次々ととって変わった。落ち着いたのは江戸時代に入ってからで元和3年（1617）に加藤家が入封し、明治維新を迎えるまで城主を務めた。

ちなみに、現在の大洲城の姿になったのは**藤堂高虎が城主の頃に近世城郭として整備し、脇坂安治が4層4階天守の創建などの大改修が行ってからのことである。**

DATA

築城者：宇都宮豊房
築城年：1333年
アクセス：JR予讃線「伊予大洲」駅下車、徒歩25分

貴重な現存櫓の再建年と美しい再現天守

1766年
南隅櫓

三の丸・南隅櫓。本丸から少し離れたところにたたずんでいる。

1843年
苧綿櫓

肱川を望む苧綿櫓。1階にある下見板張りの石落が特徴的。

1859年
台所櫓

1階の1/3が土間になっている台所櫓。現在は天守の入口として使われている。

1860年
高欄櫓

天守と直結している高欄櫓。その名の通り2階に高欄がついた望楼型だ。

2004年
天守

2基の櫓を従える天守。かつての姿を忠実に再現しているという。

大洲城改修・再建年表

- １３３１年 宇都宮豊房が地蔵ヶ岳城を築く
- １５９５年 藤堂高虎が入城し、近世城郭に整備
- １７２２年 三の丸・南隅櫓焼失
- １７６６年 南隅櫓が再建される
- １８４３年 苧綿櫓が再建される
- １８５７年 台所櫓、高欄櫓が地震により大破する
- １８５９年 台所櫓の再建
- １８６０年 高欄櫓が再建される
- １８８８年 天守の取り壊し
- ２００４年 残された資料を基に天守の復元

高知城

水害を克服して築城した土佐藩の居城

数多く残される現存建造物

高知市の中心地に立つ平山城で、本丸の中心には3層6階の望楼型天守がそびえる。**築城者・山内一豊が旧領掛川城をモデルにして造った**というだけあって外観に類似点が多い。なかでも、天守最上階につけられた廻縁高欄《まわりえんこうらん》は四国ではなかなか見られない貴重なものだ。

天守だけでなく、江戸時代の現存建築物が数多く残されているのも高知城の特徴だ。大手門をはじめとした15棟が現存していて、重要文化財に指定されている。天守と大手門が揃って現存しているのは国内で3ヶ所しかなく、二つを一緒に撮れるのはここだけであるため、大手門から見上げた天守は定番の撮影スポットになっている。

現存するとはいっても、創建時のものがそのまま残されているわけではない。創建時の建造物は火災によりほとんど焼失してしまい、享保14年（1729）から25年にわたる再興作業で、創建時その

現存天守と大手門が見所

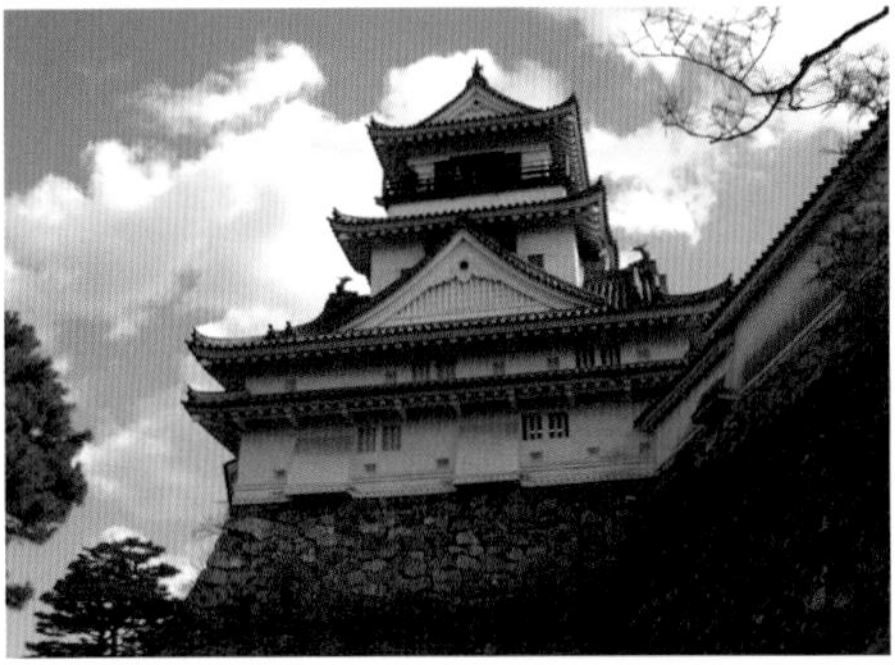

天守
掛川城と見比べると廻縁高欄や装飾、雰囲気が似ている。

大手門と天守
大手門から望む天守。無理なく１枚の画に収まるのは唯一高知城だけだ。

DATA

築城者：山内一豊
築城年：1603年
アクセス：JR土讃線「高知」駅から、バスで10分

山内容堂と大政奉還

山内氏15代目・山内容堂は幕末の四賢候の1人であり、大政奉還を実現した大名である。佐幕派の容堂だったが、倒幕の動きが止められないものと悟ると、徳川の勢力を保ったままで新国家体制をつくろうと考え、大政奉還を進言。徳川慶喜は朝廷に大政奉還をしたが、あくまでも討幕にこだわる薩摩・長州が主導権を握り、戊辰戦争に突入した。

容堂が徳川宗家を擁護したのは、藩祖・一豊が土佐24万石を与えられたことに恩義を感じていたからだといわれている。

土佐藩独自の身分制度「上士」と「下士」

土佐藩の武士は「上士」と「下士」に分かれていた。上士は一豊が掛川城主だった頃からの山内家の家臣で、下士は旧領主・長宗我部の家臣で、徹底的な差別を受けていた。そして、幕末には両者の対立が激化した。

ままの姿に再建された。そして、明治の廃城令や大戦中の空襲を逃れ、現在までその姿を留めているのだ。

城主を悩ます水難の城

現在の高知城を造ったのは山内一豊だが、それ以前は大《おお》高坂山城《たかさかやまじょう》と呼ばれており、その歴史は南北朝時代までさかのぼる。

時代は下って戦国時代。四国統一を果たした長宗我部元《もと》親《ちか》が天正16年（1588）に城を築いたが、水はけの悪さから度々水難に頭を悩まされ、わずか3年でこの城を放棄し、浦戸に建てた新たな城へ居所を移した。

この地に3度城が築かれることになるのは江戸時代のことである。一豊は入封時、浦戸城に入ったが、城下町が築きにくい地形であったため大高坂山城へと移り、**慶長6年（1601）から2年で城を完成させた。**

山内氏は長宗我部と同じ轍を踏むまいと、水害対策には気を使っていたようで、石樋を設けるなど水はけを良くする工夫が随所に見られる。

ちなみに大高坂山城と呼ばれていたこの城は、山内氏の頃に「河中山城《こうちやまじょう》」と改名された。これは城が鏡川と江の口川の間にあったことに由来するが、山内氏2代目・忠義は、〝河中〟という字を嫌ったため「高智山城」と改め、のち省略され「高知城」という名になった。いかに水害に頭を抱えていたかがうかがい知るエピソードである。

第3章
巨大天守の城郭

島原城

壮麗さと歴史の陰が混在する天守の城

島原藩4万石 過分な城郭築城

慶長19年（1614）領主であった有馬直純が、日向（宮崎県）に転封され、関ヶ原の戦いや大阪夏の陣での功績が認められた松倉重政が変わって入封した。

有明海を望む雲仙岳の麓に位置する島原城の築城には、元和4年（1618）から6年にもわたる歳月と、延べ1万人ともいわれる労力が費やされた。

そして、寛永元年（1624）島原城は、重政によって巨大天守の城として完成した。

島原の領主であった有馬氏は、キリシタン大名といわれ、領民にはキリシタンが数多くいた。徳川幕府がキリスト教を禁止しても、領民は変わらず信仰していた。

そんな島原で重政は、総石垣で5重5階の天守と櫓49棟を建てた。島原城は、近代城郭としては大規模な築城であった。4万石の島原藩には、あまりにも不釣り合いな城郭であり、**重政の築城は、領民に使役と過酷な年貢を課すこ**

領民たちの悲劇の舞台となった島原城

天守
白色総塗込みで破風を持たない層塔型5重5階の天守は、お堀から35mの高さにそびえる。

巽櫓
島原城の天守と共にそびえる三重櫓の一つである巽櫓。西の櫓と丑寅櫓と合わせて3基の三重櫓がある。

高石垣
屈曲が13ヶ所ある高石垣は、防衛上の死角をなくすためであり、城に権威を与え美観も高めている。

DATA

築城者：松倉重政
築城年：1618年
アクセス：島原鉄道「島原」駅下車、徒歩約10分

とになった。

巨大城郭の功罪 島原の乱で改易

重政による島原城の築城は、火山灰や溶岩流の地盤という島原半島特有の地形もあり、領民への使役は相当厳しいものであったと想像できる。

そんななかで重政の跡を継いだのが、2代藩主の勝家である。勝家も重政同様に、キリシタンの弾圧を行った。

寛永14年（1637）勝家の圧政に領民の不満が爆発し、島原の乱が起こる。

この領民一揆は、天草にも及び、一揆軍は約3万人にも膨れ上がり、長期化と拡大化していった。

徳川幕府は領民の抗戦を重く見て、事態を収拾すべく、諸藩に兵の招集を命じた。幕府軍は12万余の圧倒的な兵力で、兵糧攻めなどの策を講じながら、寛永15年（1638）一揆軍の拠点である原城を制圧した。一揆軍は皆殺しにされ、幕府軍も7000余の死傷者を出した。

4ヶ月にもわたる壮絶な戦いとなった島原の乱の責を負って、勝家は斬首となった。その後、高力《こうりき》氏、松平氏が入封した。

明治時代になって島原城は、廃城処分となり民間に払い下げられ、天守以下建造物は取り壊された。

しかし、島原住民の要望で、昭和35年（1960）から20年間で、西の櫓、天守、巽櫓、丑寅《うしとら》櫓などが復元された。まるで悲惨な出来事を払拭するかのように、本丸の美しい景観がよみがえった。

島原城の縄張

島原城の縄張は、城郭の南に偏って本丸があった。本丸には33mの破風を持たない天守がそびえる。

北隣にある二の丸が廊下橋で本丸と結ばれていた。さらに北側に三の丸があり、御殿が置かれていた。

島原城の外郭は、東西約360m、南北約1260mであった。

周囲に約3900mの堀を巡らし、要所には大小16の櫓を配置した。堀の内部には上士屋敷があり、外部には下士屋敷があった。さらに、島原城下町も整備されていた。

島原城復元の年史

現在の島原城は、藩日記をはじめ諸記録や島原絵巻などを基に復元され、館内は各種資料館になっている。また、城跡の敷地内には、普賢岳の噴火活動を映像や写真で紹介する観光復興記念館がある。

- 昭和35年（1960）　**3重の西の櫓**
- 昭和39年（1964）　**5重5階天守**
  →キリシタン史料・郷土史料・民俗史料
  キリシタン資料・藩政時代の資料を展示
- 昭和47年（1972）　**3重の巽櫓**
  →西望記念館
  島原出身の彫刻家・北村西望の作品を展示
- 昭和55年（1980）　**3重の丑寅櫓**
  →民具資料館
  明治、大正、昭和の暮らしが偲ばれる民具を展示

平戸城

山鹿流の縄張による唯一の平山城

複数の建築物が再建された平戸城

平戸城
昭和 37 年に再建された3重5階の模擬天守から望む平戸湾の海原は、美しい風景を堪能できる。

平戸城遠景
平戸瀬戸に突き出した丘陵地に築かれた平戸城。左から再建された天守、懐柔櫓、見奏櫓が並ぶ。

北虎口門
本丸北下に位置し、二の丸の北西側を守る北虎口門は、付属する狸櫓と共に平戸城の遺構である。

松浦水軍の拠点 平戸初代藩主の奇策

平安時代末期から水軍として名を馳せた松浦氏の拠点で、平戸瀬戸といわれる海に囲まれた海城である。

松浦氏第26代松浦鎮信《しげのぶ》は、豊臣秀吉政権下で九州征伐に加わり、松浦郡と壱岐を安堵された。文禄元年（1592）から慶長3年（1598）まで続いた文禄・慶長の役では軍兵を率いて朝鮮半島に出兵。帰還した後の慶長4年（1599）に、初めて平戸城を築城に取りかかった。

しかし、完成間近となった慶長18年（1613）鎮信は、自ら火を放ち、城を焼き払ってしまった。

鎮信のこの奇行の理由は、豊臣氏と親交が厚かったため、徳川幕府の嫌疑を晴らすための行為であったとされる。また、一説には、最愛の嗣子である久信が急死したためともいわれている。

この奇策により鎮信は、所領を安堵され、城を持たぬま初代平戸藩主になる。

DATA

築城者：松浦鎮信
築城年：1599年
アクセス：松浦鉄道「たびら平戸口」駅下車、徒歩約30分

5代平戸藩主が山鹿流の城を築城

松浦氏が、城なき平戸藩主の時代は約100年もの間続いた。その間は、中のお館と呼ばれる居館を構えて、平戸藩の藩庁を置いた。明治時代に松浦氏の私邸になり、現在は松浦資料館になっている。

初代藩主・鎮信の曽孫に当たる同名の4代藩主・鎮信は、元禄15年(1702)江戸幕府に築城を願い出て、元禄16年(1703)に許可される。

江戸時代中期に築城が許可されるのは、異例の出来事であった。徳川家と姻戚関係があったことと、東シナ海の警備の必要性などの背景があったといわれている。

元禄17年（1704）**5代藩主の松浦棟《たかし》が、初代藩主が築いた日の嶽城跡に、新たに平戸城を築城した。**

平戸城は、4代藩主・鎮信が軍学者の山鹿素行の弟子であったこともあり、**山鹿流軍学に基づいた縄張による日本唯一の平山城である。**

山上部にある本丸と二の丸は、折れや屈曲が施された山鹿流の特徴が施されている。

海岸に面した山麓部分に船着場である御舟入・小舟入などが設けられ、海城らしい工夫がなされている。

明治4年(1871)廃藩置県により廃城となり、明治5年(1872)現存する北《きた》虎口《こぐち》門《もん》と狸櫓《たぬきやぐら》を残して解体された。

昭和37年（1962）に再建された3重5階の模擬天守をはじめ、見奏《みそう》櫓、乾櫓、地蔵坂櫓、懐柔櫓も復元され、現在の風格ある平戸城となった。

平戸城の年表

- 1599年　初代藩主・松浦鎮信が平戸城（日の嶽城）築城を開始
- 1613年　鎮信が自ら放火して平戸城（日の嶽城）を焼却

　約100年間
　城のない平戸藩主の時代が続く

- 1704年　5代藩主・松浦棟が平戸城の築城を開始
- 1718年　6代藩主・松浦篤信が平戸城を完成
- 1962年　模擬天守を築造、見奏櫓・乾櫓などを再建

狸櫓の粋な謂れ

平戸城の遺構として残っているのが北虎口門と、付属する狸櫓である。

城郭の建物としては、いささか滑稽な呼び名と思えるこの狸櫓には、伝説ともいえる粋な謂れが残っている。

天保初年(1830)頃、櫓の修理をするために、床板を全て剥ぎ取った。後日、藩主の夢枕に小姓に化けた狸が立って、「この櫓に一家を棲ませて欲しい。そうすれば城を守護します」と願い出たので、翌日、櫓の床を元通りに戻してやった。

それ以来、狸櫓の名称になったといわれている。

第3章
島津家の居城

天守なき薩摩77万石の平城
鹿児島城

守護職から外様大名へ
九州の名門・島津家

慶長7年（1602）**薩摩藩の初代藩主となった島津家久が、標高107メートルの城山の麓に新たに築城した城**である。

九州の名門として名高い島津家は、鎌倉時代から江戸時代まで続いた大名家である。島津家の初代当主・島津忠久は、源頼朝によって薩摩・大隅・日向3国の守護職を任じられている。それ以降、島津氏は勢力を拡大し、第16代当主・義久の時には九州を支配できるほど強大になっていた。

しかし、天正15年（1587）豊臣秀吉の九州征伐に義久は降伏、九州制覇の夢は断たれた。

慶長5年関ヶ原の戦いで、第17代当主・義弘は西軍に属して敗戦。それでも第18代当主・家久は、旧領の安堵が認められ、初代の薩摩藩主となる。

幕末の第11代藩主・斉彬はつとに有名。残念なことに維新を前に病に倒れ世を去っ

鹿児島城の見所

鹿児島城全景
後方に城山を配した本丸跡には鹿児島県歴史資料センター黎明館、二の丸跡には県立図書館が立っている。

石垣
北東は鬼門に当たる方角で、鬼門除けのために、隅を欠いている北東隅の石垣は必見である。

黎明館
本丸跡に立っているのが鹿児島県歴史資料センター黎明館で、歴史や民俗、美術工芸を展示している。

（写真提供：鹿児島県歴史資料センター黎明館）

DATA

鹿児島県鹿児島市
（薩摩国）

築城者：島津家久
築城年：1602年
アクセス：JR九州新幹線「鹿児島中央」駅から、バスで約10分「市役所前」下車、徒歩約5分

実父・義弘VS家久

第17代当主・島津義弘は、慶長6年(1600)関ヶ原の戦いで西軍に属して敗れ、責を負って引退した。その後、義弘の実子で義弘の兄である義久の婿養子となっていた家久が新当主となった。家久は、当時の内城に代わる城として鶴丸城(鹿児島城) の構築を開始した。義弘は、防御に難点がある海岸に近いこの地での築城に最後まで反対していた。しかし、家久の決断で築城。結果、家康の薩摩征伐はなく、薩摩藩は存続した。義弘の指摘も的を得ていたことが証明されるのは、それから数百年後の幕末の薩英戦争の時であった。

島津家当主と薩摩藩主の系譜

第18代当主	島津家久	(初代薩摩藩主)
第19代当主	島津光久	(第2薩摩藩主)
第20代当主	島津綱貴	(第3薩摩藩主)
第21代当主	島津吉貴	(第4薩摩藩主)
第22代当主	島津継豊	(第5薩摩藩主)
第23代当主	島津宗信	(第6薩摩藩主)
第24代当主	島津重年	(第7薩摩藩主)
第25代当主	島津重豪	(第8薩摩藩主)
第26代当主	島津斉宣	(第9薩摩藩主)
第27代当主	島津斉興	(第10薩摩藩主)
第28代当主	島津斉彬	(第11薩摩藩主)
第29代当主	島津忠義	(第12薩摩藩主)

た。長きにわたって同一の国を治め続けた島津氏は、稀有な領主といえよう。

天守を上回る防衛力 薩摩藩の外城体制

薩摩藩77万石の居城である**鹿児島城は、天守もなく、本丸と二の丸が連郭式に並ぶ**だけの単純な構造で、防御の面で問題があるといわれる屋形造りの城であった。その背景には、薩摩藩の「人をもって城となす」という精神に基づいて、天守のない城を造ったともいわれている。

しかし、ここまで質素な城を築城したのには、他にも理由があると考えられる。

一つは、関ヶ原の戦いでの敗戦によって、徳川幕府に対して恭順の意を表す必要があったためとされる。

二つ目は、鹿児島城は藩政の拠点であり、要塞ではなかったということである。もちろん、薩摩藩が無防備であったわけではない。外城《とじょう》制度という薩摩藩独自の制度が整っていたからだ。この外城制度とは、鹿児島城下のほか、**領内に郷という単位で、113にも及ぶ外城を設けて、家臣に守らせていた。**

元和元年（1615）一国一城令で外城の建物は取り壊されたが、実質的には麓の呼び名で城砦となっていた。その麓の武士（郷士）が決起するという防衛体制を構築していた。

西南戦争の際に西郷隆盛が、鹿児島城に籠城せず、城山に逃げ込み自刀したのも頷ける。

首里城

琉球文化が彩る華麗な城

琉球王国独自の文化を伝える首里城

守礼門

守禮之邦《しゅれいのくに》の扁額が掲げられている首里城の中門で、現在の首里城の入口になる。御殿などの再建前は首里城の象徴的な建物であった。

守礼門は焼失を免れたたものの、2019 年 10 月の火災により正殿と北殿、南殿など７棟は焼失。

（写真提供：首里城公園）

琉球王国の要衝 首里城の創建

首里城の歴史を紐解くには、琉球王国の歴史を知ることが不可欠といえる。琉球王国は、約５７０年前の正長２年（１４２９）に成立し、日本国に編入される約１２０年前の明治12年（１８７８）までの約４５０年間にわたり王制の国であった。

鎌倉時代の12世紀頃から琉球諸島には、一定の政治勢力が現れ始めたといわれている。14世紀に入ると按司《あじ》と呼ばれる豪族が各地に現れ**グスク（城）**※を構え、抗争を繰り返しながら、沖縄北部の北山、中南部の中山、南部の南山に集約されていく。

正長２年 尚巴志《しょうはし》が三山の按司を統一して、中山の城を王家の居城として用いる。尚氏を頂点とした琉球王国の誕生であり、第一尚氏王統の始まりである。

その後、琉球王国は中国をはじめ朝鮮、東南アジア諸国、そして日本との交易を通して発展していく。その政治・経済・文化の中心が首里

DATA

沖縄県那覇市
（琉球国）

築城者：不明
築城年：14 世紀末（推定）
アクセス：ゆいモノレール「首里」駅下車、徒歩約15分

5度焼失し、再建された首里城の歴史

1429年	琉球王国が成立 第一尚氏王統の始まり
（1422～39年頃）	美福門を創建
1453年	首里城が全焼 志魯（しろ）・布里（ふり）の乱により焼失
1470年	第二尚氏王統の始まり 瑞泉門の創建
（1477～1526年頃）	歓会門、久慶門を創建
1508年	北殿を創建
1609年	薩摩軍の侵攻
（1621～27年頃）	南殿を創建
1660年	首里城が全焼 失火により焼失
1672年	首里城の再建 正殿の板葺を瓦葺に改修
1709年	首里城が全焼 失火により焼失
1712年	首里城の再建が本格化
1715年	首里城の再建が完了
1945年	太平洋戦争にて焼失
2019年	復工工事完了
2019年	首里城全焼（失火による焼失）

御庭
奉神門から入ると正面に正殿、右手に南殿と番所、左に北殿に囲まれた御庭は、東西約40m、南北約44mの広場になっている。

歓会門

首里城外郭の石垣に設けられた城の正門。曲線を描く城壁の中央をアーチ型に開けた門で、昭和49年（1974）に再建された。

城であった。

琉球王国の政権交代
第二尚氏王統

尚巴志没後、再び内乱の時代を迎え、6代王の側近であった金丸が応仁3年（1469）クーデターにより政権を奪い、新王朝を開いた。金丸は、尚王家を継承し、尚円王《しょうえんおう》と名乗り新王に即位した。

琉球王国の歴史において、この政権交代以前の王朝を「第一尚氏王統」、それ以後を「第二尚氏王統」としている。

首里城の基本的な縄張は、この第二尚王統の時代に完成する。東西約400メートル、南北約200メートルの規模を誇り、内郭と外郭からなる。

15世紀初期に完成した内郭には、御庭《うなー》と呼ばれる広場に面した行政の場、京の内《けおのうち》という祭祀の場、御内原《うーちばる》という居住の場で構成され、正殿、北殿、南殿、奉神門、瑞泉門《ずいせんもん》など主な建物があった。16世紀中期に完成した外郭には歓会《かんかい》門《もん》、久慶門《きゅうけいもん》など四つのアーチ門があった。

泰平の時代が続いた第二尚氏王統であったが、慶長14年（1609）琉球王国に、薩摩藩が3000名の軍勢で琉球に侵攻し、首里城を占拠した。尚寧王は連行され、奄美諸島の委譲など、屈辱的な講和条約を締結させられた。

以後、薩摩と徳川幕府の従属国となり、明治12年（1879）日本政府の軍隊により首里城から尚泰王は追放され、沖縄県を宣言、琉球王国は滅亡した。

※グスク　沖縄の城の総称で、沖縄県内最大規模のグスクが首里城である。

プラスワン

城下からの眺めが美しい

岩国城

錦帯橋と南蛮造りが特徴の城

錦帯橋から望む岩国城

錦川に面した横山に築かれた山城である。戦時に城としての機能を持つ山頂の「横山城」と、平時の居館である麓の「御土居《おどい》」で構成される。

御土居と城下町をつなぐのが、錦川にかかる錦帯橋《きんたいきょう》だ。錦帯橋は世界的にも珍しいアーチ型5連の木橋で、三大名橋や三大奇橋などと呼ばれ、ここから見る岩国城がとくに壮観。

昭和37年（1962）に天守を再建する際、この場所から見えるように本来の天守の位置から50メートルずらして造られたというだけあり、山城ながら城と**城下町が見事に一体化した景観は特筆するに値する**。

天守は4重6階の桃山風南蛮造《なんばんづく》り。南蛮造りとは、最上階がその下の階よりも張り出している特殊な様式のことで全国的に見ても珍しい天守といえる。御土居跡は桜の名所として知られる吉香《きっこう》公園として整備されている。

毛利家と吉川家の系譜

- 毛利元就
  - 毛利隆元 ― 毛利輝元
    - 毛利秀就
    - 毛利就隆
  - 吉川元春
    - 吉川元長
    - 吉川元氏
    - 吉川広家
      - 吉川広正
      - 毛利就頼
  - 小早川隆景 ― 小早川秀秋（養子）
  - 小早川秀包 など

毛利隆元・吉川吉春・小早川隆景は兄弟で、本家の輝元は広家からみて従兄弟に当たる。

DATA

江　山城

築城者：吉川広家
築城年：1601年
アクセス：JR山陽本線「岩国」駅から、市営バス「錦帯橋行き」で「錦帯橋」下車、徒歩10分でロープウェイ

城下からの眺めと南蛮造り天守が魅力の岩国城

錦帯橋から望む岩国城
この眺めをつくるため、再建する時に本来の位置から約50ｍずらして造られた。

天守
下の階よりも上の階のほうが張り出しているところがあるのがわかる。この変わった形が「南蛮」の名の由来だ。

わずか7年で廃城に

岩国上を築いたのは毛利家家臣の吉川広家《きっかわひろいえ》。関ヶ原の戦いで西軍の総大将を務めていた毛利家当主・毛利輝元《もうりてるもと》が大幅な減封と共に萩城へ移されると同時に、岩国領3万石を拝領した。岩国は毛利領の東の要所に当たり、山陽道の東を固める意味でも一族である広家が治めたのだろう。

赴任とほぼ同時の慶長6年（1601）に築城が開始され、翌年御土居が完成。慶長13年（1608）年には山頂の城が完成した。しかし、**元和元年（1615）に幕府が一国一城令を制定したため完成からわずか7年で廃城**となり、麓の御土居を陣屋とした。天守台は本来天守があった場所に現存している。

関ヶ原の戦いで、本家に背いて奔走した広家

広家は、関ヶ原の戦いは東軍が勝利すると予想しており、毛利輝元に東軍に加勢するよう提言していた。しかし、輝元は西軍の総大将に担ぎ上げられてしまった。広家は、「輝元は担ぎ上げられただけなので、改易にはしない」との密約を独断で家康と交わし、本戦の際に進路を妨害したため、毛利軍は戦わずに撤退することになった。

密約を交わしていたにもかかわらず戦後事態が急変し、毛利家の改易を知らされた広家は本家の存続のために奔走するが、毛利家は周防・長門37万石に改易。広家の本意が伝わらず、本家ともしがらみを残すことになってしまった。

索引

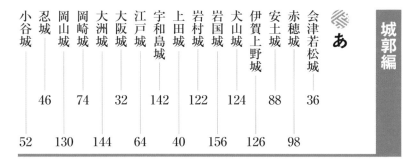

城郭編

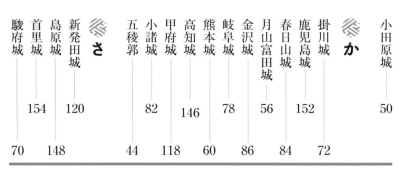

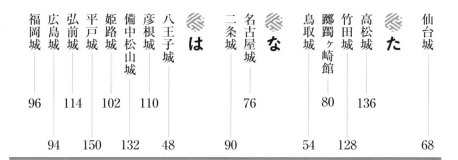

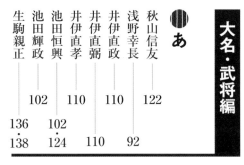

大名・武将編

※大名・武将編のページ数は登場する城の初ページ数です。また、主な武将のみ掲載しています。

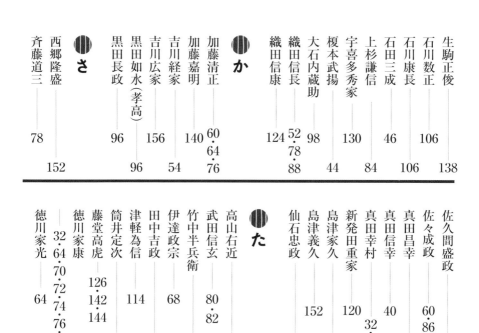

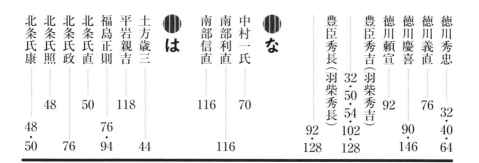

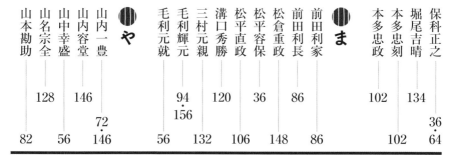

日本の城のひみつ

見かた・楽しみかたがわかる本　全国城めぐり超入門

2020年1月10日　第1版・第1刷発行

著　者　城郭歴史研究会（じょうかくれきしけんきゅうかい）

発行者　株式会社メイツユニバーサルコンテンツ
（旧社名：メイツ出版株式会社）
代表者　三渡　治
〒102-0093 東京都千代田区平河町一丁目1-8
TEL：03-5276-3050（編集・営業）
03-5276-3052（注文専用）
FAX：03-5276-3105
印　刷　シナノ印刷株式会社

ISBN978-4-7804-2286-3 C2021 Printed in Japan.

ご意見・ご感想はホームページから承っております
ウェブサイト　https://www.mates-publishing.co.jp/

編集長：折居かおる　副編集長：堀明研斗　企画担当：折居かおる／清岡香奈

※本書は2011年発行の『日本の城』を元に加筆・修正を行っています。